아듀, 물권행위

아듀, 물권행위

명순구 · 김제완
김기창 · 박경신

고려대학교출판부
KOREA UNIVERSITY PRESS

Adieu, Dingliches Rechtsgeschäft

by

MYOUNG Soon-Koo(Professor of Law, Korea University)
KIM Je-Wan(Professor of Law, Korea University)
KIM Keechang(Professor of Law, Korea University)
PARK Kyungsin(Professor of Law, Korea University)

책머리에

세계열강들이 이권을 챙기기 위하여 탐욕스런 눈을 번득이던 때에 한국은 자신을 지켜 내지 못했습니다. 특히 日帝의 식민지가 됨에 따라 한국법의 근대화는 대체로 일본의 주도 아래 이루어졌습니다. 한일합병과 함께 일본민법이 한국에 의용된 것이 1912년이었습니다. 해방 후에도 상당기간 동안 일본민법을 사용하다가 우리의 민법이 시행된 것이 1960년입니다. 그리고 지금은 2006년입니다. 한국이 근대민법을 본격적으로 접한 때부터 현재까지 약 100년의 시간을 절반으로 나누어 보면 대략 그 前半은 일본민법을 의용하던 시절이었고 後半은 현행민법이 시행된 기간입니다. 그러고 보면 한국민법은 이제 곧 그 시행 50주년으로 '知天命'의 나이에 이르게 됩니다. 이 시대에 한국 민법학에 맡겨진 天命은 무엇일까요? 딱 하나를 찍어 모든 사람이 공감하는 이 시대의 天命으로 삼을 만한 것이 있을까요? 그것을 찾아내는 일은 아마 불가능할 것입니다. 사람마다 각기 다른 시각을 가지고 있을 뿐만 아니라 우리 민법학에 맡겨진 과제 또한 매우 복잡한 구조를 가지고 있기 때문입니다. 그러나 학자들의 가슴 하나하나마다 나름대로의 天命이 자리하고 있을 것입니다.

우리의 삶은 온통 익숙한 것들에 둘러싸여 있습니다. 익숙함은 종종 사람의 비판능력을 무디게 합니다. 익숙한 것들 중 어떤 것은 우리의 안락함을 방해하고 있음이 분명함에도 불구하고 우리는 그것을 알아차리지 못한 채 "그저 그러려니…"하면서 그냥 넘겨 버리는 경우도 있습니다. 그리고 그런 식으로 하나 둘씩 넘겨 버린 것들이 쌓여 우리들로부터 자유를 빼앗아 가기도 합니다. 법제도 내지 법개념 중에도 그러한 것이 없지 않은 것 같습니다. 현존하는 법제도 내지 법개념은 필경 어떤 사람이 좋은 뜻을 가지고 고안했을 터이고, 또한 그것이 오랜 시간을 거쳐 이어 내려왔다면 나름대로 유용성이 있기 때문일 것입니다. 그러나 문제는 비용입니다. 어떤 법제도 내지 법개념에 유용성이 인정되기는 하나 그것을 운용함에 있어서 소요되는 비용이 과다하다면 그에 대한 학문적 효율성을 고민해 보아야 하지 않을까요? 이 책은 이와 같은 관점을 출발점으로 합니다. "채권행위와 물권행위는 구별된다"라는 말은 매우 익숙하기는 하지만, 가르치는 사람과 배우는 사람 모두를 힘들게 합니다. '물권행위'라는 개념이 과연 우리 민법에 있어서 필수불가결한 것인가요? 이 책은 보다 근본적이며 비판적인 관점에서 우리가 물권행위의 개념으로부터 해방될 수 있는 가능성을 모색하고 있습니다.

네 개의 글로 구성되어 있는 이 책의 공동저자들은 모두 고려대학교 법과대학 교수들입니다. 작년 어느 봄날 가볍게 점심식사를 같이 하는 자리에서 "우리 함께 물권행위로부터 해방되었으면 좋겠어요!"라는 말이 나왔고 그것이 발단이 되어 오늘 여기에 이르렀습니다. 학문은 결코 혼자 하는 것이 아니라는 사실을 다시 한 번 절실히 깨닫는 기회였습니다. 이 연구는 수암장학문화재단의 연구비 지원에 의한 것입니다. 수암장학문화재단의 지원에 감사드리며, 이 연구가 수암장학문화재단의 고귀한 뜻에 부합하는 것이기를 바랍니다.

이 책 속에 혹시 우리 민법학의 桎梏을 정확하게 지적한 부분이 있다면 그것은 우리들에게 큰 영광입니다. 또한 이 책이 우리 민법학의 발전에 조금이나마 기여할 수 있는 구석이 있다면 그것은 우리들에게 큰 기쁨이 될 것입니다.

2006년 11월 15일

공동연구자를 대표하여 고려대학교 법과대학 연구실에서

명 순 구

차례

물권행위 탄생사

김기창
고려대학교 법과대학 교수

■ 본 논문은 修嚴奬學文化財團의 지원으로 이루어졌음.

서론

'법률행위'라는 추상적인 분석도구가 유럽 일부 국가 법률가들의 상상력을 지배하기 시작한 역사는 그리 길지 않다.[1] 구체적 분쟁 사실에 밀착하여 사안별로 누적, 변용되어 왔던 로마법의 발달 과정은 판례법 국가의 법 형성, 변천 과정과 일맥상통하는 점이 없지 않다. 이 점을 이해한다면 법률행위라는 관념법학적 범주가 로마법 문헌에 등장할 여지가 없었다는 점은 쉽게 납득할 수 있다. 로마의 법률가들과 마찬가지로 사례 중심의 접근방법에 익숙한 영미의 법률가들은 법률행위라는 분석도구의 유용성이

1 지원림, 〈사비니의 법률행위론과 그 영향〉, 《법률행위론의 사적 전개와 과제—이호정 교수 화갑기념 논문집》(박영사, 1998), 81-103쪽 ; 이은영, 〈법률행위론의 발달과 역사적의의〉, 《법사학연구》, 11(1990), 157-174쪽 ; 최병조, 〈사비니 이전의 법률행위론〉, 《법률행위론의 사적 전개와 과제》, 9-79쪽 참조.

나 필요성을 전혀 느끼지 아니하고 있음은 물론이다.[2]

'물권행위'는 법률행위라는 분석도구를 사용하여 논의를 전개할 때에야 비로소 상정해 볼 수 있는 개념이다. 법률행위라는 개념 자체가 아예 동원되지 아니하였던 시점의 문헌들에서 물권행위라는 개념이 발견될 여지는 없다. 그러나 정작 물권행위라는 개념을 만들어 낸 고안자(F. von Savigny)와 그의 계승자들은 자신들의 작업이 로마법 문헌의 일관된 해석과 이해에 유용할 뿐 아니라 반드시 필요하다고 믿고 있었다. 이하에서는 어떤 경위로 이러한 견해가 자리 잡게 되었는지, 어떤 문헌들이 이러한 해석의 빌미를 제공하였는지를 간단히 살펴보기로 한다.

원전 문헌이 제기하는 문제

6세기 초반에 편찬된 《학설휘찬》(學說彙纂, *Digesta*)의 제41책 제1장(De adquirendo rerum dominio)은 물건의 소유권 취득에 관한 구절들을 수록하고 있다. 그중 점유의 이전, 즉 인도(引渡)에 대하여 파울루스가 한 다음 설명은 후세 법률가들의 거듭된 관심과 논평의 대상이 되었다 :

---

2 '법률행위'(Rechtsgeschäft)라는 개념 자체가 낯설 뿐 아니라 그에 해당하는 영어로 된 용어가 아예 없다.

> 인도만으로 소유권이 이전하는 것이 아니라 매매, 기타 합당한 원인이 앞서 존재하고 그에 따라 인도가 이루어지는 경우에 소유권이 이전한다.[3]

물건이 인도된다고 해서 언제나 그 물건의 소유권이 이전되는 것은 아니다. 매매나 증여에 기하여 물건을 인도하는 경우와, 보관이나 수선을 시킬 의도로 물건을 인도하는 경우와는 분명히 차이가 있다. 그중 전자의 경우에는 소유권이 이전될 수 있는데, 이처럼 소유권 이전이라는 결과를 낳게 하는 인도가 이루어지게 된 이유, 원인 또는 근거를 이루는 것이 바로 파울루스가 위 구절에서 말한 "합당한 원인"(iusta causa)에 해당한다고 볼 수 있을 것이다. 그러나 같은 장에 수록된 줄리아누스(生 c.100)의 다음 구절은 인도의 합당한 원인에 대한 논의가 결

3 Dig. 41.1.31pr. : "Numquam nuda traditio transfert dominium, sed ita, si venditio aut aliqua iusta causa praecesserit, propter quam traditio sequeretur." 인도의 '합당한 원인'에 대한 문헌으로는 L. P. W. van Vliet, "*Iusta causa traditionis* and its history in European private law," *European review of private law*, vol. 3(2003), pp. 342-378 ; W. M. Gordon, "The importance of the *iusta causa of traditio*," in P. Birks(ed.), *New perspectives in the Roman law of property* (Oxford, 1989), pp. 123-135 ; M. Kaser, *Das Römische Privatrecht*, vol. 1(Munich, 1971), pp. 416-417.

코 간단하지 않았음을 드러낸다 :

> 인도되는 물건에 대하여 당사자 간에 합의가 있다면, 인도의 원인에 대하여는 합의가 없더라도 그 인도가 아무 효력이 없다고 생각하지는 않는다. 예를 들어 나는 유증에 따른 의무에 기하여 너에게 토지를 주어야 한다고 생각하고, 너는 문답계약에 기하여 그 토지를 받는다고 생각하는 경우라든가, 나는 너에게 증여할 요량으로 금전을 인도하고, 너는 신용 대출로서 그 금전을 인도받는 경우에 그 물건을 주고받는 이유에 관하여 의사가 일치하지 않더라도 그 목적물이 너의 소유로 되는 데 장애가 없다.[4]

이 구절은 이른바 오상(誤想) 원인(causa putativa)에 기하여 물건이 인도된 경우에도 소유권 이전의 효과가 생기는지에 대한 후세 법률가들의 기나긴 논의를 촉발시키는 계기를 제공하

---

4 Dig.41.1.36 Iulianus 13 dig. : "Cum in corpus quidem quod traditur consentiamus, in causis vero dissentiamus, non animadverto, cur inefficax sit traditio, veluti si ego credam me ex testamento tibi obligatum esse, ut fundum tradam, tu existimes ex stipulatu tibi eum deberi. nam et si pecuniam numeratam tibi tradam donandi gratia, tu eam quasi creditam accipias, constat proprietatem ad te transire nec impedimento esse, quod circa causam dandi atque accipiendi dissenserimus."

였다. 하지만 이 글의 논점과 직접 관련이 있는 점은 물건이 인도된 계기 또는 이유가 되었던 원인거래(예컨대, 매매, 증여, 교환 등)와는 개념적으로 구별되는 당사자 간의 어떠한 합의가 바로 'iusta causa'라는 주장이 성립될 수 있는 논거를 바로 이 구절이 제공하고 있다는 점이다. 즉, 물건을 인도하게 된 이유를 이루었던 원인거래가 아예 성립하지 않더라도, 그 '물건의 소유권을 이전하고자 하는 의사의 합치'는 있을 수 있고, 이 의사의 합치가 'iusta causa'라는 주장이 바로 그것이다. 그러나 후세 학자들의 이러한 주장이 과연 원전 문헌에 의하여 충분히 뒷받침될 수 있는지는 의문이다. 물건의 소유권을 이전하고자 하는 의사의 합치는 있었다고도 볼 수 있는 다음과 같은 상황에서 원전 문헌은 위에 인용한 구절과는 모순돼 보이는 결론을 취하고 있기도 하다 :

> 나의 재산관리인이나 후견인이 자기 물건을 내 물건 또는 피후견인의 물건이라고 생각하고 타인에게 인도한 경우, 그는 그 물건의 소유권을 잃지 않으며 그 양도는 효력이 없다. 왜냐하면 자기 물건을 착오로 잃게 되는 법은 없기 때문이다.[5]

5 Dig.41.1.35 Ulpianus 7 disp. : "Si procurator meus vel tutor pupilli rem suam quasi meam vel pupilli alii tradiderint, non recessit ab eis dominium et

나아가, 소비대차 관계와 확정금 청구소송에 관한 구절들을 모아 둔 《학설휘찬》 제12책 제1장(De rebus creditis si certum petetur et de condictione)에 수록된 울피아누스(亡 228)의 다음 설명은 위에 소개한 줄리아누스의 설명(D.41.1.36)과는 일견 양립 불가능한 것이라고 이해되어 왔다 :

> 나는 너에게 증여할 요량으로 돈을 주고, 너는 소비대차를 할 요량으로 그 돈을 받은 경우, 줄리아누스는 증여의 효력이 없다고 한다. 한편, 소비대차로서는 유효한지를 살펴보면, 서로가 다른 생각으로 돈을 주고받았으므로 소비대차로서의 효력도 없고, 나아가 그 돈을 가지고 있을 수도 없다고 본다. 한편, 네가 그 돈을 소비한 경우 확정금 지급청구소송(condictio)으로 반환을 구할 수는 있으나, 상대방은 악의의 항변(exceptio doli)으로 대항할 수 있다. 왜냐하면 자발적으로 제공된 금전을 소비한 경우이기 때문이다.[6]

---

nulla est alienatio, quia nemo errans rem suam amittit."

6 Dig.12.1.18pr. Ulpianus 7 disp. : "Si ego pecuniam tibi quasi donaturus dedero, tu quasi mutuam accipias, iulianus scribit donationem non esse : sed an mutua sit, videndum. et puto nec mutuam esse magisque nummos accipientis non fieri, cum alia opinione acceperit. quare si eos consumpserit, licet condictione teneatur, tamen doli exceptione uti poterit, quia secundum

인도될 물건에 대한 합의가 있은 이상, 어떤 이유로 그 물건이 인도되어야 하는지에 대하여는 합의가 없어도 소유권이 인도로 이전된다는 줄리아누스의 설명(D.41.1.36)과 일방은 증여, 상대방은 소비 대차라고 이해하고 물건이 인도되면 양수인은 그 물건을 가지고 있을 수 없다는 울피아누스의 설명(D.12.1.18pr.)을 조화롭게 해석하기 위하여 중세 이래로 로마법 학도들은 다양한 시도를 해 왔다. 그중 오늘날 많은 지지를 얻고 있는 견해는 고전 로마법 시대(공화정 말기/제국 초기)의 입장과 후기 로마법의 입장이 달랐으며, 고전 로마법 시기에는 인도의 원인거래가 실제로 유효하게 성립하여야(causa vera) 인도가 소유권 이전의 효력을 낳았으나, 후기 로마법에 와서는 인도의 원인거래가 유효하게 존재한다고 착각하고(causa putativa) 소유권을 이전하고 이전받을 의도로 물건이 건네지는 경우에도 소유권 이전의 효력이 있게 되었다는 것이다.[7]

---

voluntatem dantis nummi sunt consumpti."

7 R. Evans-Jones and G. D. MacCormack, "Iusta causa traditionis," in P. Birks, *New perspectives*, pp. 99-100 ; F Schulz, *Classical Roman law*, reprint of 1951 edition(Darmstadt, 1992), p. 350. W. W. Buckland, *A text-book of Roman law*, 3rd ed., rev. by P. G. Stein(Cambridge, 1963), p. 228은 이러한 주류적 견해를 채용하지는 않으나, 그러한 견해가 개진된 문헌들을 소개하고 있다.

이 문제에 대한 자세한 검토는 이 글의 범위를 넘어서는 것이다. 다만, 한 가지 지적할 점은 위에 소개한 두 구절이 일견 양립 불가능하다는 지난 수세기 동안 유지되어 온 전제 자체가 그릇되었을 수 있다는 것이다. 일방은 증여, 타방은 소비대차라고 생각하고 금전이 인도된 경우, 줄리아누스는 돈의 소유권이 이전된다고 했지, 그 돈을 돌려주지 않아도 된다고 한 바는 없다. 한편, 울피아누스는 그 돈을 가지고 있을 수 없다(nummos accipientis non fieri)고만 했지, 그 돈의 소유권 이전이 되지 않는다고 한 바는 없다. 금전이 아닌 경우도 마찬가지일 것이다. 일방은 선친으로부터 물려받은 마차가 매매되었다고 생각하고, 타방은 고인으로부터 그 마차를 유증받았다고 생각하면서 마차의 인도가 이루어진 경우, 실은 매매된 바도 없고, 유증된 바도 없었다면, 인도받은 마차를 계속 보유하고 있을 근거는 없을 것이다. 그 마차의 소유권이 누구에게 있든 간에, 양수인은 그 물건을 양도인에게 반환하여야 할 의무가 있고, 그 물건을 그대로 반환하는 것이 불가능하게 되면, 그 가액을 반환하여야 할 것이다. 이것이 상식과 윤리적 균형감각에 합치할 것이다. 로마법학도들이 줄곧 모순된다고 생각해 왔던 위 두 구절 중 어느 구절도 이러한 상식적이고 윤리적인 입장에 배치되는 설명을 담고

있는 것은 아니라는 점은 반드시 기억되어야 할 점이다.[8]

중세 로마법률가들의 해법

그러나 중세의 로마법 연구자들은 줄리아누스와 울피아누스의 위 두 구절이 일견 양립 불가능하다는 전제하에, 이 두 구절들을 어떻게 조화롭게 설명해 낼 수 있을까에 골몰하였다. 마르티누스 고시아(Martinus Gosia, 亡 c.1150)는 서로 다른 이유로 물건을 주고받아도 소유권이 이전된다는 줄리아누스의 설명(D.41.1.36)에 대한 주석을 달면서 다음과 같이 적고 있다 :

즉, 이 경우 양도인은 채무의 원인이 무엇이었건 간에—그가

8 그러나, 유증 또는 매매가 실제로 있었던 경우라면 이야기는 달라질 수도 있다. 예컨대 고인이 마차를 유증한 것이 사실이고, 상속인도 유증에 기한 의무를 이행할 요량으로 마차를 인도하였는데, 상대방은 이를 모른 채 그 마차를 매수한다고 생각하고 인도받은 경우라면, 나중에 그러한 착각이 드러났을 때 굳이 마차를 반환하여야 할까? 양도인이 마차를 돌려받아 본들, 유증에 기한 의무가 사라지지 않은 이상 다시 그 마차를 상대방에게 인도하여야 할 터이므로, 이 같은 경우에는 마차를 반환할 실익이 없음은 물론, 반환을 구하는 것은 부당할 것이다. 인도물에 대한 합의가 있으면, 인도하게 된 이유에 대한 합의가 없어도 소유권이 이전된다는 줄리아누스의 D.41.1.36은 이런 상황 또는 이에 버금가는 상황을 상정한 구절이라는 주장이 제기된 바 있긴 하다. Evans-Jones and MacCormack, "Iusta causa traditionis," p. 103 이하.

상상한 것이건, 다른 어떤 것이건 간에—물건의 소유권을 넘겨주기를 원하는 것임.[9]

아쿠르시우스(Accursius, c.1182-c.1260)도 같은 방법으로 양 구절 간의 관계를 설명해 내려 하고 있다. 각자 다른 이유로 돈을 주고받은 경우에는 받은 돈을 가지고 있을 수 없다는 울피아누스의 설명(D.12.1.18pr.)에 대하여 아쿠르시우스는 "이 경우, 양도인은 어느 특정한 이유, 즉 증여를 이유로 소유권을 넘겨주기를 원하는 것이지, 다른 이유로 그 물건이 타인에게 속하게 되는 것을 원하는 것이 아님"이라는 설명을 하고, 이에 덧붙여 "저 경우〔줄리아누스의 설명(D.41.1.36)의 경우〕에는 비록 이유가 다를지라도 양수인이 그 물건을 보유하기를 양도인이 원하는 것임"이라고 설명하고 있다.[10]

---

9 G. Dolezalek, "Der Glossenapparat der Martinus Gosia zum Digestum Novum," *ZSS, Rom.*, vol. 84(1967), p. 308 : "Vel hic voluit dominium transferri omnino quacumque causa obligationis, sive ea qua putavit sive aliis." L. P. W. van Vliet, "Iusta causa traditionis", p. 348에서 재인용.

10 "Hic erat ex certa causa ex qua sola volebat dominium transferre, scilicet donatio, nec ex alia causa volebat rem ad alium pertinere; ibi etiam aliter volebat fieri rem accipientis." 이 글에서 인용하는 아쿠르시우스의 주석은 1566년 파리에서 출판된 *Corpus Iuris Civilis*를 참조하였다.

이러한 설명은, 소유권이 이전되는지 여부가 물건을 인도하기에 이른 객관적 정황, 이유 또는 원인(causa)에 달려 있다기보다는 양도인의 주관적 의사 또는 의지(voluntas)에 달려 있다는 중세 법률가들의 생각을 반영한다. 매매 등 합당한 원인이 앞서 존재하고, 그에 기하여 목적물이 인도되면 소유권이 이전된다는 파울루스의 설명(D.41.1.31pr.)은 인도에 이르게 된 원인거래에 강조점이 놓여 있었으나,[11] 로저리우스(亡 c.1170)는 이 구절에 대하여 다음과 같은 주석을 가함으로써, 그 강조점을 양도인의 주관적 의사(意思)로 옮겨 놓았다 :

> 〔파울루스가 D.41.1.31pr.에서〕 이렇게 말한 이유는 〔원인거래가 있으면〕 양도인이 소유권 이전을 원하였음을 쉽게 증명할 수 있기 때문이지, 빚을 지고 있다고 착각하고 이를 변제하

11 가이우스가 법학입문서에서 적은 다음 구절(*Gai.*, ii.20) 역시 파울루스의 설명과 크게 다르지 않다 : "옷이나, 금, 은 등을 매매나 증여 또는 다른 어떤 이유(causa)로 너에게 인도하는 경우, 내가 그 물건의 소유자였다면 그것은 인도되는 즉시로 너의 소유가 된다"(Itaque si tibi uestem uel aurum uel argentum tradidero siue ex uenditionis causa siue ex donationis siue quauis alia ex causa, statim tua fit ea res, si modo ego eius dominus sim). 두 법률가 모두 매매, 증여 등 원인거래 자체를 'causa'라고 파악할 뿐, 그러한 거래에 기하여 물건을 주고받는 당사자들의 심리나, 의사를 분석하고 해부하려는 시도는 전혀 없다.

고자 물건을 인도하는 경우처럼 인도의 원인(causa)이 미리 제대로 존재하지 아니하면 소유권 이전이 되지 않는다는 뜻이 아니다.[12]

아쿠르시우스는 이러한 생각을 정리하여 파울루스의 위 구절에 다음과 같은 주석을 부가하였다 :

〔파울루스가 D.41.1.31pr.에서 말한 합당한 원인이란〕 진정원인 또는 오상원인을 모두 지칭한다. 만일 오상원인에 기하여는 소유권이 이전되지 않는다고 한다면, 착오로 지급된 변제물의 반환을 구하는 소송(condictio indebiti)에 대한 구절들을 모아 둔 항목 전체가 성립할 수 없게 된다. 왜냐하면 이 항목은 오상원인에 기하여 물건의 소유권이 타인에게 이전한 경우에 적용이 있기 때문이다.[13]

---

12 G. Dolezalek, "Der Glossenapparat der Martinus Gosia", p. 304 : "Hoc ideo dicit, quoad eum, qui tradidit dominium transferre volisse facilius probari possit, non autem ideo quod dominium non transferatur quandoque, quamquam tradendi causa iusta non precesserit, veluti si te obligatum putans indebitum solueris." L. P. W. van Vliet, "Iusta causa traditionis," p. 347에서 재인용.

13 'iusta causa'에 관한 주석 : "vera vel putativa : alioquin si dicas ex putativa non transferri dominium, totus titulus de condictione indebiti repugnaret ; qui titulus habet locum quando transfertur dominium alicuius rei ex putativa

물건의 인도 및 소유권 이전에 대한 구절들을 착오로 변제한 물건의 반환청구에 사용되는 소송 양식에 관한 구절들과 연결지어 전체적인 일관성을 도출해 내고자 하는 아쿠르시우스의 시도 자체는 주목할 만하다. 그러나 착오로 변제한 자가 'condictio'라는 소송을 통하여 변제물의 반환을 구하였다고 해서 그 변제물의 소유권이 이미 상대방에게 이전되었음이 분명하다는 식으로 결론을 내리는 것은 좀 근거가 박약해 보인다. 자기 소유의 물건을 반환받고자 'condictio'를 사용하는 것이 일반적으로는 부적절하다는 점을 가이우스가 지적한 것은 사실이다.[14] 그러나 이러한 초보적 일반론으로는 설명할 수 없는 예외가 있음을 가이우스가 바로 덧붙여 지적하고 있다는 것 또한 사실이다. 한편, 경우에 따라서는 자기 소유의 물건을 반환받기 위하여 'rei vindicatio'를 사용하는 것이 불가능할 때도 있다. 상대방이 매수인으로서의 항변(exceptio rei venditae et traditae)을 제기할 수 있는 경우가 그러하다. 이때에는 자신의 물건이더라도

causa."

14 *Gai.*, iv.4 : "Sic itaque discretis actionibus certum est non posse nos rem nostram ab alio ita petere : SI PARET EVM DARE OPORTERE ; nec enim quod nostrum est, nobis dari potest, cum scilicet id dari nobis intellegatur, quod ita datur, ut nostrum fiat ; nec res, quae nostra iam est, nostra amplius fieri potest."

'condictio'를 통하여 회복을 시도할 수밖에 없을 것이다.[15]

더 나아가, 오상원인에 기한 인도가 있어도 양수인에게 소유권이 이전된다는 아쿠르시우스의 해석은 사용취득(usucapio)에 관한 원전 문헌들과 정면으로 충돌하는 측면도 없지 않다. 일견 정상적으로 보이는 거래의 결과 어느 물건을 소유자로서 점유하기에 이르렀으나, 실은 소유권을 획득하지 못한 자는 동산의 경우 1년, 부동산의 경우 2년간 계속된 점유를 이유로 소유권을 취득할 수 있다는 것이 바로 로마법상의 사용취득 제도이다. 이 제도를 설명하면서 울피아누스는 양수인이 물건을 점유하게 된 원인(causa)이 실제로 존재했어야 한다는 점을 다음과 같이 설명하고 있다 :

> 물건을 선의(善意)로 확보하여 점유하는 자는 그 물건을 매수하였다거나 증여받았다고 생각하는 한 실제로 매매나 증여가

15 이 점은 도넬루스가 지적하고 있는 바이다. Hugo Donellus, *Commentariorum de iure civili libri viginti octo*, 5 vols.(Frankfurt, 1589-91) 4.16.6 : "Sed ideo huic, quamvis domino, non conceditur vindicatio, quia vindicatio exceptione doli mali summovetur." 이 글에서는 Donellus, *Opera omnia*, 12 vols.(Florence, 1840-1847)에 수록된 텍스트를 참조하였다. D.17.1.49 역시 소유자라고 해서 언제나 'rei vindicatio'를 사용하여 그 물건을 회수할 수 있는 것은 아니라는 점을 보여 주고 있다.

있었는지를 따질 것 없이 자주점유자로서 그 물건을 사용취득할 수 있다고 여기는 자들이 있는데, 이들은 오류에 빠져 있다고 켈수스는 그의 책 제34권에서 적은 바 있다. 왜냐하면 실제로 유증, 증여 또는 혼수제공이 없는 이상, 유증이나 증여 또는 혼수제공을 이유로 한 사용취득은 불가능하기 때문이다.[16]

원인거래가 존재하지 아니하는데, 그것이 존재한다고 착각하고 물건을 점유하기에 이른 경우라면, 소유권이 이전되지 않음은 물론이고, 그렇게 시작된 점유가 아무리 오래 계속되어도 사용취득을 주장할 수조차 없다는 것이다. 이보다는 약간 완화된 사용취득요건을 제시하고 있다고 여겨지는 폼포니우스의 설명에 의하더라도, 유증이 이루어진 바 없음에도 상속인이 유증에 기한 것이라며 인도한 물건에 대하여는 사용취득이 가능할 뿐이고(D.41.10.4.2), 문답계약에 기한 채무의 이행이라고 착각하고 인도한 물건을 그렇게 알고 받은 경우에도 자주점유

16 Dig.41.3.27 Ulpianus 31 ad sab. : "Celsus libro trigensimo quarto errare eos ait, qui existimarent, cuius rei quisque bona fide adeptus sit possessionem, pro suo usucapere eum posse nihil referre, emerit nec ne, donatum sit nec ne, si modo emptum vel donatum sibi existimaverit, quia neque pro legato neque pro donato neque pro dote usucapio valeat, si nulla donatio, nulla dos, nullum legatum sit."

자로서의 사용취득이 가능할 뿐이므로(D.41.10.3),[17] 오상원인에 기한 인도로 소유권을 당장 취득한다는 것은 도저히 있을 수 없는 일이라고 보아야 할 것이다.

아쿠르시우스의 견해는 이처럼 원전 근거가 매우 박약하였으나, 자크 레비니, 바르톨루스, 발두스 등 그 다음 세대의 로마법 연구가들에 의하여 충실히 계승, 발전되었다.[18] 칙법집(Codex) 2.4.19에 대한 해설을 집필하는 기회에 발두스(1327- 1400)는 채권채무관계를 발생시키는 원인거래의 흠과 그러한 원인거래에 기하여 이루어진 소유권변동의 문제를 분명히 절연하면서 다음과 같이 설명하고 있다 :

그러나 〔원인거래의 흠은〕 채무관계의 발생을 저해할 뿐 소

---

17 Dig.41.10.4.2 Pomponius 32 ad sab. : "Quod legatum non sit, ab herede tamen perperam traditum sit, placet a legatario usucapi, quia pro suo possidet" ; Dig. 41.10.3 Pomponius 22 ad sab. : "Hominem, quem ex stipulatione te mihi debere falso existimabas, tradidisti mihi: si scissem mihi nihil debere, usu eum non capiam: quod si nescio, verius est, ut usucapiam, quia ipsa traditio ex causa, quam veram esse existimo, sufficit ad efficiendum, ut id quod mihi traditum est pro meo possideam. et ita neratius scripsit idque verum puto."

18 좀 더 자세한 논의와 관련 문헌은 L. P. W. van Vliet, "Iusta causa traditionis," p. 349 참조.

유권 이전을 저해하는 사정이 아니므로 여기서도 채무관계의 발생이 저지될 뿐 소유권 이전이 저해되지는 아니한다. 채권 채무관계는 실제로 유효한 계약이 없이는 존재할 수 없지만, 소유권은 오상원인에 기하여서도 이전될 수 있으므로 유효한 계약이 선행되어야 하는 것은 아니다. 소유권 이전은 그 직접 원인, 즉 소유권 이전에 관한 합의에 근거하여 이루어지는 것이지 원인계약의 효력에 의존하지 아니한다.[19]

소유권 이전에 관한 합의(consensus transferendi dominii)라는 개념을 원인거래로부터 추출, 분리해 냄으로써 소유권 변동의 문제를 원인거래의 존부 및 효력 여부에서 절연하려는 이러한 시도는 그 후 여러 세기 동안 반복하여 등장하는 테마가 된다.

---

19 Baldus, Comment on C.2.4.19.(Venice, 1577), fo.129 1st col. L. P. W. van Vliet, "Iusta causa traditionis," p. 351 : "sed quando ratio ordinata ad impediendam obligationem, & non dominium impediendum, ibi impeditur obligatio, sed non dominium 〔…〕 Nam obligatio non potest esse sine vero & efficaci contractu, sed dominium potest transferri ex causa putativa: unde non requirit efficaciam precedentis contractus. Fundatur enim solum in quadam sua immediata causa, scilicet in consensu transferendi dominii, & non in robore contractus."

도넬루스와 큐자스

16세기의 로마법 연구가들 중 도넬루스는 이 문제에 관하여 아쿠르시우스 및 그 후계자들의 견해를 가장 충실히 반영하는 입장을 취하였던 것으로 보인다. 그는 인도로 소유권이 이전되는 핵심적인 근거는 소유권을 타에 이전하고자 하는 양도인의 의사(voluntas)에 있다고 보고, 인도가 효력이 있으려면 물건을 주고받는 당사자들 간의 합의(consensus)가 필수적이라고 설명하고 있다. 이를 뒷받침하는 원전 근거로 그는 다음 구절을 언급하고 있다 :

> 인도가 있으면 만민법에 따라 물건을 취득하게 된다. 자신의 물건을 남에게 이전하고자 하는 소유자의 의사를 그대로 인정하는 것보다 더 자연스럽고 타당한 것은 없다.[20]

물건을 주고받는 당사자들 간에 소유권을 이전하고, 이전받

20 Donellus, *Commentariorum*, 4.16.1. 도넬루스가 인용하는 구절은 Ist.2.1.40이다 : "Per traditionem quoque iure naturali res nobis adquiruntur: nihil enim tam conveniens est naturali aequitati, quam voluntatem domini, volentis rem suam in alium transferre, ratam haberi." 이 구절은 가이우스의 설명에서 연유한다. D.41.1.9.3 참조.

고자 하는 마음이 있어야 소유권이 이전된다는 점은 D.44.7.55에서도 분명히 나타난다. 이 구절은 도넬루스가 그 전문을 인용하고 있다 :

> 소유권이 이전되려면 언제나 거래의 양 당사자의 심정이 합치하여야 한다. 실은 매매, 증여, 대차, 기타 어떤 거래 관계가 되었건 간에 양 당사자의 마음이 합치하지 아니하면 그들이 시작한 일이 제대로 달성될 수 없다.[21]

그러나 이렇게 방향을 잡고 논의를 진행한 도넬루스는, 착오가 있은 경우에는 합의가 소용이 없다는 일반론에 마주하게 되고,[22] 이 일반론을 그대로 적용한다면 오상원인에 기한 인도가

---

21 *Commentariorum*, 4.18.2 참조. Dig.44.7.55 Iavolenus 12 epist. : "In omnibus rebus, quae dominium transferunt, concurrat oportet affectus ex utraque parte contrahentium: nam sive ea venditio sive donatio sive conductio sive quaelibet alia causa contrahendi fuit, nisi animus utriusque consentit, perduci ad effectum id quod inchoatur non potest." 이 구절이 제기하는 해석상의 문제점에 대한 좀 더 자세한 논의는 Evans-Jones and MacCormack, "Iusta causa traditionis," pp. 108-109 참조.

22 도넬루스는 이 점을 다음과 같이 표현하고 있다(*Commentariorum*, 4. 16.4.) : "착각에 빠진 자는 그가 착각하고 있는 그것에 대하여 동의하는 것이 불가능하다고 일반적으로 이야기되고 있다"(Generaliter dicendum est

모두 효력이 없게 되는 '엄청난' 결론을 피할 수 없음(착오가 합의를 깨므로)을 감지한 듯하다. 오상원인에 기한 인도가 유효하다는 선배 연구가들의 견해를 답습하고자 한 그는 결국 인도에 요구되는 합의의 내용을 매우 제한적으로 규정하여 설명하는 전략을 선택한 것으로 보인다. 그 결과 그는 목적물의 소유자가 누구인지에 대한 착오는 합의를 깨지만,[23] 목적물을 인도하게 된 구체적인 이유에 대한 착오는 합의를 깨지 않는다는 주장을 힘들여 전개하고 있다.[24]

그러나 같은 시기에 도넬루스 못지않은 영향력을 행사하였던 큐자스는 분명히 다른 입장을 취하고 있었다. 큐자스의 다음 구절은 이 점을 드러내고 있다 :

> 원인거래가 무효라도 인도가 있으면 소유권을 취득할 수 있다는 아쿠르시우스의 주장은 틀렸다. 원인거래가 효력이 없으면 인도도 소용이 없다.[25]

---

omnem qui errat, non consentire in eo, in quo errat).

23 의뢰인의 것이라고 착각하고 자기 물건을 인도한 재산관리인은 그 물건의 소유권을 잃지 않는다는 원전문헌(D.41.1.35)이 있다는 점은 위에서 이미 언급하였다. 주 5 참조.

24 *Commentariorum de iure civili*, 4.16.4-4.16.8.

큐자스는 매수인이 기망수단을 사용하여 매매계약을 체결한 경우, 그 계약은 법률상 당연 무효라고 보았다. 그는 이처럼 당연 무효인 매매계약에 기하여 인도가 이루어진 경우에는 그 인도물의 소유권은 이전되지 아니한다(ex nullo enim contractu dominium non transfertur)는 주장을 피력하였다.[26] 하지만, 큐자스의 주장 역시 과연 충분한 원전 근거에 바탕한 것인지는 의문이다. 무효인 원인거래에 기하여 인도된 물건이 반환되어야 함은 상식에 속한다. 그러나 그 반환의 근거가 이른바 '물권적인지, 채권적인지'는 상식과는 거리가 먼 문제이다. 짐작건대 이 문제는 로마법률가들이 관심 있게 논의하였던 문제라기보다는 후세 연구가들의 부질없는 궁금증에 불과한 것이 아닌가 한다. 이 문제에 대한 로마법률가들의 접근 방법은 폼포니우스의 다음 설명에 한마디로 요약되어 있다고도 할 수 있다 :

---

25 Cujas, *Opera Omnia*, vol. 10(Naples, 1722), p. 1017 : "falsum est enim, quod tentat Accurcius ex inutili contractu dominium adquiri per traditionem: nam si inutilis est contractus, ergo & nuda traditio."

26 *Ibid.*, p. 975b. : "Restat igitur, dolo ab emptore adhibito, ut ipso iure venditio nulla sit. Ubi autem ob eam causam nulla venditio est, quod dolo emptoris circumscriptus venditor servum vendiderit, & nulla manumissio est quasi facta a non domino : ex nullo enim contractu dominium non transfertur, licet possessio transferatur."

채무가 없음에도 착오로 변제한 경우, 변제물 그 자체 또는 그 액수의 반환을 구할 수 있다.[27]

변제에 사용된 금전 또는 물건의 소유권이 과연 인도로 이전했는지를 도넬루스나 큐자스는 알고 싶었겠지만, 물건 그 자체 또는 그 액수를(aut ipsum aut tantundem) 반환하면 된다는 폼포니우스의 의연하고 담담한 대답은 아예 그러한 궁금증 자체가 로마법률가들의 마음에는 생길 여지가 없었다는 점을 보여 줄 뿐이다. 16세기의 법률가와 로마법률가들 간의 차이점은 그들이 어떤 문제에 대한 대답을 달리 하였다는 것이 아니라, 그들이 품었던 문제의식, 그들이 던지는 질문 자체가 달랐다는 것이다.[28]

사비니 그리고 물권계약

인도 및 인도의 합당한 원인에 관한 이러한 해석론적 전통을 배

27 Dig.12.6.7 Pomponius 9 ad sab.: "Quod indebitum per errorem solvitur, aut ipsum aut tantundem repetitur."

28 따라서 큐자스의 견해가 원전에 더 충실한지 도넬루스의 견해가 더 충실한 원전적 근거를 가지는지를 묻는 것 자체가 그릇된 문제제기이다. 엄밀히 말하자면, 오상원인에 기한 인도의 효력에 관한 그들의 견해는 애초부터 원전적 근거가 있을 수가 없는 것이다. 질문이 아예 다른 마당에 대답이 같은지 다른지를 따진다는 것은 비역사적이고 시대착오적인 것이다.

경으로 19세기에 등장한 사비니(Savigny)는 도넬루스의 설명을 그 자신의 이론체계 속에 포섭하여 변용시키는 시도를 성공적으로 수행하였다. 양도인과 양수인 간의 합의가 있어야 소유권이 이전된다는 도넬루스의 설명을 부여잡은 사비니는 그것이 바로 당사자 의사의 합치이며, 의사의 합치는 곧 계약이라는 식으로 이론구성을 하게 된다. 그의 주장은 1840년부터 출판되기 시작한 《현대로마법체계》(*System des heutigen römischen Rechts*)라는 저술에서 자세히 제시되는바, 이 저술 제3권에서 그는 인간의 자유로운 행위가 법률관계의 변화를 일으키는 주요 원인이며, 인간의 자유로운 행위의 핵심을 이루는 것이 의사표시(Willenserklärung)라는 큰 밑그림을 그린 다음, 의사표시에 대한 자세한 설명을 하기에 이른다. 의사표시에 대한 설명을 마친 그는 계약 개념을 재규정하여, "복수의 당사자가 그들의 법률관계를 규율하는 내용의 의사표시에 대하여 한마음을 이루는 것이 계약"이라는 주장을 펴는데,[29] 바로 이 부분에서 그는

---

29 *System des heutigen römischen Rechts*(Berlin, 1840), iii.309 : "Vertrag ist die Vereinigung Mehrerer zu einer übereinstimmenden Willenserklärung, wodurch ihre Rechtsverhältnisse bestimmt werden." 사비니의 이 저서는 인터넷으로 원문을 열람할 수 있다. http://dlib-pr.mpier.mpg.de/m/kleioc/0010/exec/books/%22199246%22 참조(최근 방문 2006. 4. 6.).

다음과 같은 설명을 하고 있다 :

> 마찬가지로 인도(引渡)도 계약 개념의 특징적 요소들이 그 속에 모두 파악되어 있는 진정한 계약이다. 왜냐하면 그것에는 즉시로 점유를 이전하고 소유권을 이전하고자 하는 양측의 의사표시가 포함되어 있고, 거래 당사자의 법률관계가 그것에 의하여 새로 규정되기 때문이다.[30]

인도 자체가 계약이라는 사비니의 독특한 주장은 십수 세기 동안 서구에서 유지되어 왔던 계약 개념의 근본을 뒤흔드는 것이었음을 이해하여야 한다. 로마 법률가들에게 계약(contractus)은 채권채무관계를 발생시키는 것이었다. "모든 채권채무관계는 계약으로 발생하거나, 불법행위로 발생한다"는 가이우스의 개략적인 설명의 틀[31]은 나중에 계약, 불법행위 외에 채권발생의 또 다른 근거들을 어떻게 설명할지에 대한 논의를 불러

30 *System*, iii.312 : "So ist die Tradition ein wahrer Vertrag, da alle Merkmale des Vertragsbegreiffs darin wahrgenommen werden : denn sie enthält von beiden Seiten die auf gegenwärtige Übertragung des Besitzes und des Eigenthums gerichtete Willenserklärung, und es werden die Rechtsverhältnisse der Handelnden dadurch neu bestimmt."

31 *Gai.*, iii.88 : "omnis enim obligatio uel ex contractu nascitur uel ex delicto."

일으키긴 하였으나, 적어도 계약이 채권채무관계를 발생시키는 것이라는 점에 대하여는 누구도 의문을 제기한 바 없었다. 그러나 사비니는 채권채무가 발생하지 아니하는 계약이라는 것을 서구법 역사상 처음으로 주창하고 있는 것이다. 그가 말하는 물적(物的)인 계약(dinglicher Vertrag)은 채무를 발생시키기는커녕, 발생한 채무를 소멸시키는 행위를 지칭하고 있다. 이러한 독특한 주장을 펴기 위하여 사비니는 계약 개념 자체를 근본적으로 재규정하는 시도를 하기에 이른다.

인도가 계약이라는 설명에 바로 뒤이어 계속되는 장에서, 사비니는 의사(意思) 중심의 완전히 새로운 계약이론을 제시하고 있다. 특히 그는 "협약이란 둘 이상의 당사자가 동일한 것을 원하여 합의하는 것이다"라는 울피아누스의 구절을[32] 맥락을 무시한 채 인용하면서, 의사의 합치, 합의(pactio, conventio)가 곧 계약이라는 특이한 주장을 내세운다. 모든 법률관계의 분석을 인간의 자유로운 행위, 그리고 그 행위의 핵심을 이루는 의사표시에서 출발하여 수행해 보려는 그의 이론체계하에서 보면,

32 Dig.2.14.1.2 Ulpianus 4 ad ed. : "Et est pactio duorum pluriumve in idem placitum et consensus." 유사한 언급은 Dig.50.12.3pr.에도 등장한다 : "Pactum est duorum consensus atque conventio 〔…〕."

의사의 합치가 곧 계약이라는 생각이 너무나 매력적으로 보였을 수도 있겠다. 그러나 사비니가 자신의 독특한 계약이론을 펴면서 의존한 'pactio'나 'conventio'는 로마법률가들이 실은 계약(contractus)과는 매우 거리를 두고 사용하였던 개념이었음을 이해하여야 한다. 로마법률가들이 이해한 계약은 의사의 합치에 중점이 놓였던 것이 아니라, 채권채무관계(obligatio)를 발생시키고, 소권(actio)의 기초를 이루는 당사자 간의 견련관계, 구속관계를 지칭하는 것이었다. 이러한 계약관계는 물건의 지급을 이유로(re), 일정한 언사의 사용을 이유로(verbis), 일정한 문서의 존재를 이유로(litteris) 또는 일정한 유형의 합의를 이유로(consensu) 성립할 수 있는 것이지, 그저 아무 내용의 합의나 의사일치가 있다고 해서 계약이 성립하고, 구속관계가 형성되며, 그로부터 채권채무관계와 소권이 생겨나는 것은 아니었다. 사비니는 울피아누스를 엉뚱하게 끌어대어 인용하였지만, 정작 울피아누스는 "합의만으로 채권채무관계가 생겨나는 것은 아니"라는 유명한 설명을 남긴 바 있다.[33] 의사표시가 법률관계 형성의 핵심적 근거라는 자신의 논지와는 정면으로 충돌

33 Dig. 2.14.7.4 Ulpianus 4 ad ed. : "igitur nuda pactio obligationem non parit, sed parit exceptionem."

하는 이러한 구절은 조용히 덮어 둔 채, 사비니는 합의에 대한 구절을 사용하여 계약에 관한 자기의 주장을 뒷받침하려 하고 있다. 그러나 사비니가 인용한 구절에서 울피아누스가 언급한 'pactio' 또는 'conventio'는 매매, 대차, 조합, 위임 등 정착된 계약유형에 포섭되지 아니하는 '기타 유형의 합의'를 말하는 것이었다. 그러한 기타의 합의가 과연 계약관계를 이루어 낼 수 있었는지, 즉 독자적으로 채권채무관계를 낳거나 소권발생의 근거가 되었는지, 아니면 그저 상대방이 소권을 행사할 때 그에 대응하여 항변권을 행사할 수 있는 근거에 불과한 것이었는지는 매우 긴 논의를 요하는 문제였었다.[34]

그러나, 의사표시라는 핵심 개념에서 출발하여 법률관계의 발생, 변동, 소멸의 전 과정을 체계적, 과학적, 논리적으로 설명할 수 있다는 확신에 찬 사비니는 일정한 의사표시에 대하여 당사자들이 한마음을 이루는 것이 곧 계약이라는 획기적인 입장을 망설임 없이 채택하기에 이른다.[35] 로마법에 대한 그의 심오

34 더 자세한 논의와 관련 문헌의 소개는 김기창, 〈약속, 합의 그리고 계약〉, 《법사학 연구》, 29(2004), 318-324쪽 참조.

35 최병조, 〈사비니 이전의 법률행위론〉, 47쪽 이하에서는 17, 18세기에 진행된 약속(promissio)의 구속력에 대한 논의(특히 그로티우스를 중심으로), 합의(pactio)의 구속력 여부에 대한 논의를 소개하고 있다. 그러나 약속의 구

한 이해와 원전 문헌에 대하여 그가 가졌던 해박하고 상세한 지식, 그리고 역사적 정확성을 자주 들먹였던 그의 태도에 비추어 보면 이 입장은 매우 의외의 것이었다. 법 변천사를 관찰할 때 흔히 발견되는 일이지만, 예전에 없던 새로운 개념을 은근슬쩍 도입하는 가장 흔한 수법은 확립된 기존 개념을 세분화하는 (듯한 외관을 취하는) 것이다. 사비니는 바로 이 수법을 완벽하게 구사하였다. 그는 계약을 양분하여, 채무관계를 발생시키는 계약(obligatorischer Vertrag)과 그렇지 않은 계약(dinglicher Vertrag)으로 '분류'하는 것처럼 함으로써 채무관계를 낳지 아니하는 계약이란 전대미문의 존재를 논의 속으로 끌고 들어온 것이다.[36] 이와 동시에 그는, 원인거래가 전제되지 아니한 인도

속력 문제는 합의에 관한 논의와는 매우 다른 전통에 입각해 있다는 점, 합의와 계약을 동일시하려는 사비니의 시도는 합의를 계약관계와는 구분하여 파악하고 그 구속력 여부를 논하였던 그 전의 경향과는 근본적으로 다른 차원의 시도라는 점이 지적되어야 할 것이다. 약속(promise)과 합의(agreement)가 각각 다른 역사적 배경을 가지고 있다는 점은 A. W. B. Simpson, "Innovation in nineteenth-century contract law," *Law quarterly review*, 91(1975), pp. 247-278 ; J. Gordley, *The philosophical origins of modern contract doctrine*(Oxford, 1991) 참조.

36 *System*, iii.312-313. 사비니는 14년 뒤에 출판된 또 다른 저서에서 이 주장을 되풀이한다. *Das Obligationenrecht, als Theil des heutigen Römischen Rechts* (Berlin, 1853) ii.257, footnote m : "Die Tradition selbst ist daher ein wahrer

도 있을 수 있으므로, 인도를 반드시 원인거래에 의존하게 하려는 시도는 논리적으로 틀렸다는 주장을 편다 :

> 하지만 선물의 경우는 어떠한가? 이 경우에는 아무런 채무관계가 선행하는 것이 아니다. 그저 사실상 물건을 건네줌으로써 소유권 이전이 있게 되는데, 이 사례에 의하여 〔선행 원인이 존재하여야 한다는〕 그들의 견해는 무너지고 만다. 양도인의 의사(Absicht)가 양수인을 소유권자로 만드는 것이고, 그 외에 다른 어떤 것도 필요한 것이 아니다. 따라서 우리는 인도함으로써 인도물의 소유권을 넘겨주려는 소유권자의 의사만을 인도의 합당한 원인(iusta causa)이라 불러야 한다.[37]

걸인에 대한 증여는 사비니가 반복하여 사용하는 사례이다.

Vertrag, nur nicht ein obligatorischer, sondern ein dinglicher, wohl zu unterscheiden von dem obligatorischer Vertrag(Kauf, Tausch u.s.w.), der bei ihr zum Grunde liegen kann, und meist wirklich zum Grunde liegt und vorher zu gehen pflegt."

37 1815-16년의 사비니의 강의안에서 인용한 구절이다. W. Felgenträger, *Friedrich von Savignys Einfluß auf die* Übereignungslehre(Leipzig, 1927), pp. 33-34. 유사한 주장이 나중에 《현대로마법체계》에 요약된 형태로 나타난다. *System*, iii.313 : "Tradition ohne vorhergehende Obligation, wie bei dem Geschenk an einem Bettler, das einen wahren Vertrag enthält ohne alle Obligation, bloßes Geben und Nehmen in übereinstimmender Absicht."

그러나 이 사례가 기껏 보여 주는 것은 '자발적 증여'란 증여할 의무가 없는데도 하는 증여라는 것 이상도 이하도 아니다. 걸인에게 주는 물건은 이러한 자발적 증여를 원인거래(iusta causa)로 하여 인도된 물건이므로 소유권이 이전되는 것이다. 그러나 사비니는 이 사례를 토대로 하여 원인거래 없이 인도만으로도 소유권이 이전될 수 있다는 주장을 펴고 있다.[38] 결국 사비니가 생각하는 인도는 채권채무관계를 만들어 내지 아니하는 계약일 뿐 아니라, 아무런 이유나 근거, 원인도 필요 없이 홀로 존재할 수 있는 계약이라는 것이다. 원인도 필요 없고, 결과(채권채무관계)도 낳지 않는 계약. 오로지 즉시 달성되는 효과만이 있는 계약. 이것이 바로 사비니가 빚어낸 인도, 즉 물권계약이었다. 매매, 증여 등 "합당한 원인"이 있고, 그에 기하여 물건이 인도되면 소유권이 이전된다는 파울루스의 지극히 상식적인 진술이 사비니에 의하여 물권계약이라는 지극히 관념적이고, 기술적으로 현란한 이론으로 변질하는 순간이었다.

38 이른바 물권행위의 독자성이라는 개념이 이렇게 허술하고 부정확한 분석에서 출발하여 그토록 오래 유지되어 온 것은 신기할 따름이다.

결론

주는 자와 받는 자 간에 의사의 합치(consensus)가 있어야 물건의 인도로 소유권이 이전될 수 있다는 도넬루스의 설명은 어찌 보면 당연한 것이다. 소유권을 넘겨줄 의사도 없는데, 또는 소유권을 넘겨받을 의사도 없는데, 그저 물건이 인도되었다고 해서 당사자의 의사에 반하여서까지 그 물건의 소유권이 바뀌어야 할 이유는 없다. 인도로 소유권이 이전되는 이유는 당사자들이 그것을 원하기 때문이다. 이 점은 원전 문헌을 들먹이지 않더라도 누구나 수긍할 수 있는 것이다.[39] 중세 로마법 연구가들이나, 16세기의 로마법 학자들이 양도인의 의사(voluntas)를 강조하고, 물건을 주고받는 당사자의 합의(consensus transferendi dominii)에 주목한 것도 이 시각에서 보면 하등 경이로울 것이 없다.

그러나 사비니는, 여기서 '한 발자국 더 나아가', 인도 당사자들 간에 물건을 주고받는 것에 대한 합의가 곧 계약이라는 주장을 폈다. 이 주장이 놀라운 이유는 그것을 뒷받침할 아무런 원전상 근거가 없음은 물론이고, 그것에 정면으로 배치되는 무수

39 D.41.1.9.3 ; Ins.2.1.40 ; D.44.7.55 ; D.41.1.35.

한 문헌들이 존재함에도 불구하고 제기되어 큰 성공을 거두었기 때문이다. 합의 없이는 계약이 있을 수 없다(Nullum contractum esse sine consensu et conventione)는 도넬루스의 설명은 원전적 근거가 분명히 있는 말이고, 상식적으로도 납득이 가는 말이다.[40] 그러나 합의 없이는 계약이 있을 수 없다고 해서, 합의가 곧 계약인 것은 아니다. 도넬루스는 나아가 "계약은 둘 이상의 당사자들 간의 합의이다"(Contractus est duorum pluriumve consensus)라는 설명도 하고 있는데, 이것도 틀린 것이라 할 수는 없다. 그러나 계약이 합의라고 해서, 합의가 모두 계약인 것은 아니다. 이 점은 도넬루스가 분명히 강조한 바이다. "계약은 둘 이상의 당사자 간에 이루어진 동일한 어떤 것에 대한 합의이다"라는 설명에 바로 이어서, 그는 다음과 같이 적고 있다 :

> 그러나 동일한 어떤 것에 대한 합의, 즉 어떤 것을 이행하는 데 대한 합의가 모두 계약은 아니다.[41]

40 *Comm. de iure civili*, 12.7.1. 도넬루스는 D.2.14.1.3를 인용하고 있다 : "nullum esse contractum, nullam obligationem, quae non habeat in se conventionem, sive re sive verbis fiat."

41 *Comm. de iure civili*, 12.6.4, 12.6.5 : "omnis contractus est hic duorum, pluriumve in idem consensus atque conventio. Sed non omnis consensus in

합의가 곧 계약이라는 자신의 주장이 실은 십수 세기에 걸쳐 유지되어 왔던 로마법률가들의 견해와 정면으로 충돌한다는 점은 사비니 스스로도 분명히 인식하고 있었던 것 같다. 그는 이 점을 다음과 같이 뒤틀어서 적고 있다 :

> 고대(古代)나 지금의 저자들은 내가 여기서 제시한 계약에 대한 정의(定義)와는 다른 입장을 채택하고 있는바, 그들은 계약의 한 종류에 불과한 것을 마치 계약의 전부인 양 생각하고 있다. 그들이 제시하는 계약에 대한 설명이나, 그들의 체계 내에서 계약에 부여된 위상을 보면, 계약에는 마치 한 가지 종류, 즉, 채권채무를 생겨나게 하는 계약밖에는 없는 것같이 보인다.[42]

확신에 찬 사비니의 필치 아래 그 이전의 모든 저자들의 견해는 순식간에 '오류'로 둔갑하고, 계약에는 마치 언제나 두 가지 종류(채권계약/물권계약)가 있어 왔던 것 같은 착시현상이 독자

---

idem, id est etiam in hoc ut quid fiat, contractus est."

42 *System*, iii.314 : "Von der hier gegebenen Darstellung des Begriffs vom Vertrag weichen unsere Schriftsteller, ältere und neuere, darin ab, daß sie eine einzige unter den angegebenen Anwendungen für den Gattungsbegriff selbst nehmen, indem sie den Vertrag im Allgemeinen so erklären, und mit dem Ganzen ihrer Systeme in solche Verbindung setzen, als wäre der obligatorische Vertrag der einzige überhaupt."

를 사로잡게 됨을 주목하여야 한다.

이른바 역사학파의 태두로 추앙받았던 사비니가 어째서 역사적 진실과는 이처럼 명백히 어긋나는 주장을 내세웠을까? 기존의 로마법률가들의 용어 사용법과는 전혀 관련이 없는,[43] 독특한 계약 개념을 그가 주장하기에 이른 이유는 높은 수준으로 추상화된 관념적 범주가 제공하는 강력한 분석력에 매료되어 있었기 때문이다. 다음 구절은 사비니의 진정한 목표가 무엇이었는지를 적나라하게 보여 준다 :

> 혼인, 인도(引渡) 등과 채권계약을 연결 짓는 공통점을 분명히 인식하고, 각각의 구체적인 경우에 그 공통점이 실현되도록 하는 것이 중요하다. 하지만 이러한 공통점을 인식하는 경우 우리 독일의 전문용어〔Vertrag—역자 주〕가 이 점을 너무나도

---

43 사비니는 'pactio'가 곧 계약(채권적, 물권적 계약을 모두 아우르는 의미에서)이라는 주장을 펴면서도, 용어의 정확한 사용이 자신의 목표는 아니라는 점을 스스로 인정하고 있다. 사비니의 다음 구절을 보라(*System*, iii.317) : "협약, 약정, 그리고 합의라는 용어가 로마법률가들에 의하여 채권 계약 이외의 것을 지칭하는 용어로 사용되었다는 주장을 내가 펴고자 함은 아니다"(denn daß die Römer die Ausdrücke Pactio, Pactum und Conventio, von anderen als den obligatorischen Verträgen wirklich gebraucht haben, wird von mir gar nicht behauptet).

정교하고 편리하게 지칭하고 있으므로, 중요한 법 개념에 대한 적절한 용어를 보유하는 데서 오는 장점을 포기한다는 것은 심히 부당하게 여겨진다.[44]

사비니의 목표는 그가 법률관계(Rechtsverhältnisse)라고 파악한 인간관계들에 대한 과학적, 사변적 분석에 있었다. 혼인관계와 매매계약 간에 일말의 공통점이 있음을 저속하지 않게 설명해 내고, 이 둘과 인도를 모두 아우르는 우아한 분석도구를 고안해 내는 것. 법을 학문으로서, 그리고 자연과학에 버금가는 하나의 과학으로서 접근하려는 '법학자'들에게는 사비니의 이러한 시도가 멋들어지게 보일지 모르겠다.[45] 그러나, 분쟁을 사

---

44 *System*, iii. 317-318 : "Wichtig aber ist es, daß das Gemeinsame, wodurch die Ehe, die Tradition u.s.w. mit den obligatorischen Verträgen verwandt sind, bestimmt anerkannt und in einzelnen Anwendungen durchgeführt werde ; will man aber dieses Gemeinsame anerkennen, so ist zur Bezeichnung desselben unser deutscher Kunstausdruck so geschickt und bequem, daß es unnatürlich wäre den Vortheil zu versäumen, den uns der Besitz eines passenden Ausdrucks für einen wichtigen Rechtsbegriff darbietet."

45 실제로 사비니는 혼인에 대한 헤겔과 칸트의 법적 분석이 매우 조악, 저열함을 지적하며, 채권채무관계보다는 한 단계 더 추상화된 상위개념으로 '의사합치=계약'이라는 분석도구의 필요성을 제안하는 중이었다. 혼인관계는 이와 같이 추상화된 계약이라는 분석도구를 사용하여 품위 있게 설명해 낼 수

리에 맞게, 그리고 윤리적 균형감각에 맞게 해결하는 것이 주된 관심사인 '법률가'에게 과연 이러한 분석도구가 얼마나 유용한지는 의문이다. 혼인관계에서 발생하는 분쟁과 팔리지도 않은 물건을 팔린 줄 알고 인도함으로써 생기는 분쟁을 굳이 '논리적으로 일관되게' 해결하여야 할 당위성이 과연 어디에 있는가?

사비니는 물권계약이라는 개념이 유용하다고 생각하였겠지만, 돌이켜 보면 이 개념은 무수한 후학들이 사변적 분석과 추상화의 덫에 스스로를 옭아매는 불행한 역사의 시작에 불과하였다. 그중 일부 후학들은 과도한 분석적 노력에 골몰한 나머지 법이 궁극적으로 지향하는바, 법을 통하여 인간이 이루고자 하는 바가 무엇인지를 아예 잊어버린 채, 논리적, 사변적 조작이 법률가의 임무라고 착각하는 불행한 사태가 빚어지기도 하였다. 채권자가 아님에도 변제를 받은 경우라든가, 자신은 재산관리인이나 후견인이 아님에도 그런 줄 착각한 상대방으로부터 물건을 건네받은 경우, 사비니의 후예들은 아마도 물권계약의 유효성 여부를 따지고, 인도물의 소유권 이전 여부를 따져봄으로써 문제를 해결하려 시도할 것이다. 그리고 그렇게 제시

있다는 것이 그의 주장이었다(*System*, iii.314-321). 이른바 '물권행위'라는 개념은 이 과정에서 생겨난 하나의 부산물이었다.

된 해법의 우수성을 가늠하는 징표는 논리적 일관성과 결론을 도출하는 데 동원된 주장들이 가지는 탁월한 분석력일 것이다. 그러나 로마의 법률가들은 물건을 받을 이유가 없는데도 이를 받아 챙기는 행위의 부도덕함을 주목하고, 이러한 경우에 불법행위가 성립하는지, 그리고 어떠한 소권을 사용하여 물건이나 가액의 반환을 확보하는 것이 타당한지를 논할 뿐이었다.[46]

법학자와 법률가 간의 차이가 이렇게 크게 벌어지게 된 연유가 어디에 있는지, 그리고 윤리적 고려가 이른바 법학자의 분석에서는 어째서 이렇게 철저히 제거되었는지를 음미할 필요가 있다. 물권계약이란 분석도구 덕분에 법학자들의 논의가 한층 높은 차원의 논리적 일관성을 띠게 되고 기술적으로 엄밀하게 보이게 된 것은 사실이다. 그러나 찬란한 논리의 그늘에 가려 있는 법의 윤리성을 잊어서는 아니 될 것이다.

46 Dig.47.2.43pr.; D.12.4.14; D.13.1.18 ; D.47.2.43.2 ; Buckland, *A text-book of Roman law*, p. 229.

물권행위라는 용(龍)이 미국에서만 살아야 하는 이유

박경신
고려대학교 법과대학 교수

■ 본 논문은 修巖奬學文化財團의 지원으로 이루어졌음.

서론

필자는 한국의 법과대학에서 민사불법행위(torts)를 별도의 정규강좌로 가르치고 있지 않는 것에 대해 항상 의아하게 생각해 왔다. 필자의 경험은 미국의 그것에 한정되어 있는데 미국에서는 민사불법행위는 민법 내에서 양적으로 가장 중요하고 질적으로 가장 역동적으로 변하고 있는 분야이기 때문이다.

미국의 민법교육은 계약법(contracts), 불법행위(torts), 그리고 물권법(properties) 등 크게 세 개의 분야로 나누어진다. 계약법은 사람들 사이의 '약속'이라는 행위로부터 발생하는 권리와 의무를 다루는 법이고, 물권법은 사람들과 사물과의 기존관계(즉 물권)로부터 발생하는 권리와 의무를 다루는 법이고, 민사불법행위는 약속도 없고 물권도 없는 상황에서 사람의 행위 전반에 의해 발생할 수 있는 모든 권리와 의무를 다루는 법이다.

이 중에서 민사불법행위는 소송발생건수나 판결액수 또 최근 법률의 변화—판례국가이므로 입법뿐만 아니라 판례를 통한 변화를 포함하여—를 고려할 때 절대로 다른 민법 분야보다 중요성이 떨어지는 분야가 아니다.

그럼에도 불구하고 민사불법행위가 한국에서 상대적으로 백안시되는 원인을 여러 가지로 추정해 보건대, '법률행위'라는 개념을 민법교육의 중심에 두고 이로부터 연역적으로 법률을 가르치려는 데에 있기 때문이 아닌가 생각한다.

법률행위를 "주체의 자발적인 의사에 의한 특정한 법적 효력을 발생시키는 행위"라고 이해하자. 그렇다면, 계약법이나 물권법과 달리 민사불법행위(torts)는 법률행위에 의해 법적 권리와 의무가 발생하는 것이 아니고 소위 사실행위(事實行爲)에 의해 법적 권리와 의무가 발생하는 것이다.

'법률행위'를 중심에 두면 법률행위가 없는 분야인 민사불법행위는 상대적으로 중요하지 않게 여겨진다. 이에 비해 법률행위가 권리 및 의무 발생의 주도적인 역할을 하는 (i) 계약법, (ii) 그리고 물권법(예 : 자발적인 의사에 의한 양도 부분, 특히 부동산 등기)이 상대적으로 강조된다. 이와 같은 불균형은 한국의 민법 커리큘럼에 그대로 반영되어 있다.

민법의 중심에 법률행위를 세우면서 당연히 민법의 하위 분야인 물권법과 채권법의 중심에도 무언가 세우게 되는데 이것이 물권행위 및 채권행위라는 하위개념으로 보인다. 물론, 다시 언급하지만 민사불법행위는 사실행위로부터 권리와 의무가 발생하므로 중심에 세울 하위 법률행위가 없다.

결국, 물권행위라는 개념은 법학을 연역적인 체계 속에서 가르치려는 시도에서 파생된 것으로 보이고 이와 같은 맥락 속에서 물권행위를 둘러싼 논쟁을 이해해야 할 것이다.

필자가 파악하는 물권행위를 둘러싼 논쟁의 내용에 대해서 이 책의 다른 글에서 자세히 다루고 있으므로 대강만 소개한다면 이렇다. 물권행위는 법률행위의 한 종류이므로 의사표시를 통해 물권적인 권리와 의무를 발생시키는 행위이다. 그런데, 한국에서의 물권행위는 등기를 통한 부동산 소유권 이전이 법제화되면서,[1] 적어도 부동산 분야에 있어서는 물권행위 자체가 불가능해졌거나—의사표시만으로 아무런 효력발생이 없

---

1 이와 같이 국가가 공부(公簿)를 통해 사유부동산의 권리관계를 보장해 주는 제도를 토렌스(Torrens) 시스템이라고 하며 영미권에서는 1858년 오스트레일리아의 로버트 토렌스 경(Sir Robert Torrens)이 처음 시작하여 영연방에 보편화되었다. 미국에서는 아이오와 주만이 실행하고 있고 뉴욕 주를 비롯한 몇 주가 한정된 범위 내에서 실행하고 있다.

으므로—또는 등기절차 진행과 동시에 이루어진다고 볼 수밖에 없게 된다. 결국, 물권행위에 대한 논쟁이 발생한 이유, 또 물권행위라는 개념의 필요성에 대한 회의가 생긴 이유는 한국의 부동산법이다.

미국은 어떠한가. 우선, 미국법학에서 법률행위라는 개념에 대응될 만한 폭넓은 개념은 존재하지 않는다. 단지 위에서 정의하였듯이 "주체의 자발적인 의사에 의해 특정한 법적 효력을 발생시키는 행위"라는 개념으로서 법률행위를 이해한다면 법률행위에 해당할 수 있는 여러 가지 행위들이 있을 뿐이다. 예를 들어, 물권의 양도(conveyance)도 법률행위—위의 정의를 따르자면—의 하나이고, 계약의 체결(entering into a contract)도 법률행위의 하나이며, 절차적인 면으로까지 확대하자면 소송의 제기(filing of a suit)도 법률행위의 하나가 될 수 있겠다. 하지만, 위와 같이 정의된 법률행위의 종류가 너무 다양하고 각 법률행위가 발생시키는 효력들이 모두 다르기 때문에 법률행위라는 통일적인 개념이 법적 이해를 증진시키는 데에 무용하다. 예를 들어, 표현의 자유라는 자유권의 주체가 특정 표현을 하는 것도 하나의 권리주체의 의사표시에 의한 권리행사이므로 이 역시 법률행위라고 볼 수 있을 것이지만 혹자는 이를 사실행위로 분류해야 한다고 할지 모른다. 이런 식으로 법률행위의 가짓수가 늘어나거나 법률행위와 사실행위 사이의 분류가 불분명해지면 법률행위는 법학교육에 있어 별 도움이 되지 않는다. 또, 위에서 설명하였듯이 법률행위에 의해 발생하는 권리와 의무보다 소위 사실행위에 의해 발생하는 권리와 의무가 훨씬 양적 질적으로 더 큰 비중을 차지하기 때문이기도 하다.

그렇다면, 물권행위의 개념은 어떠한가? 역시 물권행위라는 개념은 미국법 문헌에는 존재하지 않는다. 단, 법률행위도 개념 자체는 존재하지 않되 법률행위의 여러 형태들이 실제로 존재하는 것처럼 "주체의 자발적인 의사에 의해 물권에 영향을 주는 행위"라는 개념으로서 물권행위를 이해한다면 이에 대응되는 개념으로서 양도행위(conveyancing)가 검토될 수 있다. 그런데, 아래에서 논의하겠지만 중요한 것은, 이는 놀랍게도 독일이나 한국의 물권행위라는 개념에 독일이나 한국에서보다 더 정확히 일치한다. 그 징글맞은 무인성(無因性) 개념까지도.

그러나, 그렇다고 이것이 물권행위라는 개념을 우리가 보존해야 될 이유로 이용되어서는 안 된다. 미국에 물권행위에 정확히 맞아떨어지는 행위가 있는 이유는 미국의 부동산법은 한국의 부동산법과 완전히 다르기 때문이다. 동산, 부동산을 막

론하고 소유권의 이전이 등기를 통해 이루어지는 것이 아니라 물권을 이전하겠다는 의사표시만으로 이루어지기 때문이다. 소유권의 이전은 실제로 양도증서의 인도(delivery of deed)를 통해 이루어지며 이것이 바로 물권양도의 의사표시인 것이다. 그리고 의사표시의 원인이 무엇인지에 관계없이 의사표시를 통해 곧바로 이행의 단계 없이 효력을 발생한다.

아래에서 필자는 미국의 부동산 양도절차에 대해 자세하게 설명하여 미국의 양도행위(conveyancing)의 개념을 이해시키고, 왜 물권행위라는 개념이 한국에서는 폐기되어야 하는지 설명하고자 한다.

I. 일반적인 양도의 절차

미국법상 가장 전형적인 물권양도의 절차는 다음과 같이 3단계의 순서를 거친다.

1. 양수도계약의 성립(formation)

양수도계약은 장래에 양도행위를 해야 할 의무와 역시 장래에 양수인이 이에 대한 대가로 양도인에게 대금을 지급할 의무를 정한다.

2. 양수도계약이 규정하는 거래의 완결(closing)

위의 양수도계약에서 정의되는 양도행위는 적법한 권리행사증서(deed)를 양수인에게 인도(delivery)하는 것으로 요약된다. 상기한 양도인의 양도행위이행의무와 양수인의 대금지급의무가 동시에 일어나는 시점을 완결(closing)이라고 한다. 동시이행의 실질적 어려움을 완화하기 위해 보통 에스크로(escrow)가 관여하여 선이행자의 피해가 없도록 하는 경우가 많이 있다.

3. 권리증서의 공부상 등록(recording)

이중양도의 위험을 막기 위해 각 주정부가 공부상 등록을 장려하고 있는데 장려의 방법이 이중양도 시 경합하는 양수인들 간의 우선권을 정하는 방식으로 하고 있어, 대개 모든 양수인들이 공부상 등록을 하게 되나 기 완료된 양도행위를 국가에 알린다는 의미만이 있을 뿐이다.

위의 세 단계의 절차는 일반적인 절차일 뿐이며 상기 1의 양수도계약이 없다고 할지라도 당연히 양도절차는 완결될 수 있다. 또는 상기 1의 양수도계약이 양수인의 대금지급의무를 설정하지 않는 증여계약이라서 양수인의 대금지급의무가 존재하지 않는 경우에도 당연히 양도절차의 완결은 가능하다. 또, 양수인이 인도받은 권리행사증서(deed)를 상기 3과 같이 공부상으로 등록하지 않는다고 하더라도 양도는 이미 완결된 것이며 양도인과 양수인 사이에서는 소유권은 양수인의 그것으로 이미 확정된 것이다.

심지어는 완결이 완전히 일어나지 않는다고 하더라도 양도행위는 있을 수 있다. 즉, 양수인의 대금지급의무가 계약상 설정은 되어 있더라도 이행되지 않은 상태에서도 양도행위는 이루어질 수 있다. 이와 같이 양도인은 권리행사증서를 이미 인도하여 양도행위를 마쳤으나 양수인은 대가를 지급하지 않은 경우, 양도인이 할 수 있는 것은 오직 대금미지급에 대한 손해배상소송(suit for damages)뿐이며 이미 이행한 양도행위를 취소(rescission)할 수는 없는 것이다.[2]

---

2 이와 같은 상황을 방지하기 위하여 양도인이 권리행사증서 자체에 대금지급조건을 달 수는 있지만 이럴 경우 권리행사증서 자체가 현재양도의사표시를 하고 있지 못하고 장래양도의사표시를 하고 있으므로 권리행사증서 자체가 무효가 되므로 양수인의 신뢰를 얻지 못한다. 이와 같은 어려움을 해결하기 위하여 개발된 것이 바로 에스크로(escrow)이다. 에스크로는 제3자로서 양도인의 현재양도의사표시로서의 권리행사증서를 받아 주지만 양수인이 대금지급을 할 때까지는 권리행사증서를 양수인에게 전해 주지 않아 양도인이 이 양도행위를 취소할 수 있게 만든다. 사실 물권양수도계약에서 동시이행

그렇다면 상기 2의 양도의 완결의 한 부분을 구성하고 있는 양도행위의 최소요건은 무엇인가?

II. 양도행위

양도행위의 최소조건은 (1) 양도인의 서명으로 확인된 (2) 양도인의 현재양도의사가 표명된 권리행사증서(deed)가 (3) 양수인에게 인도(delivery)되어야 한다는 것이다.

1. 양도인의 서명(grantor's signature)

권리행사증서에는 양도인의 서명이 있어야 한다. 양수인의 서명은 필요 없다.

2. 현재양도의사(present intent to transfer)

권리행사증서에는 그 증서를 전달하는 시각 현재에 특정 물권을 양도하겠다는 의사를 표방하는 문장이 있어야 한다. 예를 들어, 부동산X의 양도를 위한 권리행사증서는 "양도인은 양수인에게 부동산X를 양도한다" 또는 더욱 명확히 하려면 "양도인은 이로써

의 문제는 주식 관련 양수도에서도 똑같은 실무상의 어려움—주권은 우선 양도하면 소유권이 이전된다는—때문에 에스크로를 이용하게 된다.

양수인에게 부동산X를 양도한다"라고 되어 있어야 한다. 원문으로 보자면 "Grantor grants Grantee Real Estate X" 또는 "Grantor hereby grants Grantee Real Estate X"라고 되어 있어야 한다.

현재양도의사의 요건은 엄격하다. "양도인은 양수인에게 부동산X를 양도할 것이다"라거나 "양도인은 양수인이 대금을 지급한다면 동시에 부동산X를 양도할 것이다" 또는 "양도인은 양수인이 결혼을 한다면 부동산X를 양도할 것이다" 등의 문구는 현재의 양도의사를 표명한 것이 아니라 장래의 양도의사를 표명한 것이므로 이와 같은 권리행사증서는 무효이다. 권리행사증서의 문구가 현재양도의사를 엄격하게 요구하는 것은 권리행사증서 자체가 권리행사의식에 이용되는 하나의 소도구로서 기능하면서 권리행사 시점에서 효력을 가져야 하기 때문이다.

물론, 양도인이 양도 시점 이후의 조건을 정하는 것은 가능하다. 조건의 성격 자체가 양도에 대한 선행조건이 아니고 양도 이후에 충족되어야 할 조건이므로 양도의사의 현재성을 훼손하는 것이 아니기 때문이다. 예를 들어, "양도인은 양수인이 부동산X를 학교부지로 사용하는 한 양수인에게 양도한다"라는 내용의 권리행사증서는 무효가 아니며 소멸가능소유권

(defeasible fee)을 양도한 것으로 간주한다.

여기서 권리행사증서가 무효라는 것은 양도가 완결되지 않았다는 의미이므로 양도인은 부동산 X의 소유권을 계속 유지하게 된다는 것이다. 만약, 양수도계약이 있었다면 양수인은 양도인에게 계약위반에 대한 손해배상소송(suit for damages)을 제기할 수 있다. 또는 영미법이 일반적으로 계약이행청구소송(suit for specific performance)에 적용하는 엄격한 요건이 충족된다면 계약이행을 요구하는 소송을 제기할 수 있다. 그러나 위 두 가지 소송 모두 계약법상의 소송이며 양수인은 물권법상의 소송인 권리확인소송(action to quiet title)은 제기할 수 없게 된다.

3. 권리행사증서의 인도(delivery of deed)

권리행사증서의 인도는 물리적으로 이루어질 필요는 없고 단지 양도인의 소유권의 현재양도의사가 외부적으로 표명되었는가가 중요하다. 예를 들어, 양도인이 권리행사증서를 작성하여 양수인에게 전달하지는 못하되 제3자에게 양수인이 새로운 소유자임을 선언하고 양수인의 점유를 허용하였다면 권리행사증서의 인도가 없었다고 할지라도 이미 양도행위는 완료된 것으로 본다.

또는 양도인이 권리행사증서를 작성하여 양수인에게 전달하지 않고 제3자에게 전달하면서 "양수인이 대금을 지불하면 그때 양수인에게 전달하시오"라고 말하였다면, 양도행위는 우선 그 시점에서 완료된 것으로 본다. 그러나 미국법원에서는 선행조건이 충족되지 않은 상황에서는 양도인은 언제라도 권리행사증서를 취소할 수 있으며 결국 대금지불이 이루어지지 않는다면 양도는 취소될 수 있다고 판단하고 있다. 권리행사증서는 항상 현재성 있는 양도의사의 표명을 요구하므로 양도에 대해 선행조건을 달 수가 없다. 그러나, 이와 같이 제3자를 통할 경우 선행조건을 단 조건부 양도가 가능해진다. 이를 이용한 것이 바로 에스크로서비스이다.

중요한 것은 물리적 전달이 아니라 양도인의 심적 상태의 객관적인 표명이므로, 권리행사증서가 양수인에게 전달되었다고 할지라도 전달과 동시에 소유권 양도의사를 전면적으로 부인하는 발언을 하였다거나 정황상 현재성 있는 양도의사가 없었다면 인도가 성립된 것이 아니다. 예를 들어, 양도인이 소유권을 이전하기에 충분한 내용의 권리행사증서를 작성하여 양수인에게 전달하면서 "당신 변호사가 우선 검토해 보고 알려주면 정식으로 전달해 주겠다"라고 하였다면 이때의 전달은 인

권리행사증서의 의미

여기서 음미해야 할 것은 권리행사증서의 인도(delivery of deed)가 가진 의식(儀式, ceremony)으로서의 의미이다. 즉, 부동산은 동산과 달리 부동산의 몸체를 상대방에게 전달하는 것이 불가능하므로 어느 시점에서 소유권의 이전이 이루어졌는지를 명확히 하기 위해서는 하나의 의식을 필요로 하였고 가장 널리 이루어지고 인정된 것이 바로 소유권 이전의사를 서면으로 담아 서명을 하여 양수인에게 전달하는 방식이 된 것이다. 권리행사증서가 정착되기 전에는 양도 대상 부동산에서 자라고 있는 나무를 꺾어 양수인에게 전달하는 것도 인도로서 인정되었다고 한다. 즉, 권리행사증서는 권리행사의식의 하나의 소도구로서의 역할을 하고 있는 것이다.

도로서 인정되지 않는다.

또는 양도인이 소유권을 이전하기에 충분한 내용의 권리행사증서를 작성하여 양수인에게 전달하면서 "당신은 이로써 내 부동산에 저당권을 가지게 되었고 나의 채무불이행 시 압류를 할 수 있소"라고 발언하였다면 이 역시 인도가 이루어진 것이 아니며 소유권에 변화가 없다. 미국법원에서는 이 경우 한국식으로 말하면 '양도담보'의 형태로 저당권(mortgage)이 성립된 것으로 인정하고 있다.

III. 기타 불필요한 절차들

위의 세 가지 요건을 충족시키는 양도인의 행위—(1) 양도인의 서명으로 확인된 (2) 현재양도의사를 표명하는 (3) 권리행사증서의 인도—가 있을 경우, 양도는 이루어진 것으로 볼 수 있다. 여기서는 양도행위의 요건에 들지 않는 절차들에 대해 언급하여 본다. 우선, 양수도계약서와 양도행위가 독립적임은 이미 살펴본 바와 같으므로 더 언급하지 않는다.

1. 양도행위에 있어서 양수인의 합의는 실질적으로는 필요치 않다.

권리행사증서의 전달로 이루어지는 권리행사는 양도인이 가지고 있는 소유권—즉 제3자에게 소유를 넘길 수 있는 권리—의 일반적인 행사이므로 양 당사자의 합의에 근거한 계약과는 달라 양 당사자의 합의가 필요 없다. 물론, 양도의 한 요건인 인도(delivery)라는 행위 자체가 성질상 인도자와 피인도자를 필요로 하기 때문에, 인도 시점에서 양수인이 거부의사를 표시하면 인도가 이루어질 수 없을 것이다. 그러나 미국법원들은—'양수인'이라는 단어에는 이미 양도를 수인한다는 의사표시의 의미를 내포하고 있으므로 '피양도인'이라는 단어를 쓰자면—

피양도인이 모르는 사이에도 인도가 이루어질 수 있다고 인정하고 있다. 예를 들자면, 양도인이 다른 모든 요건을 충족시키는 양도행위를 하고도 양수인이 이를 받아들이는 적극적인 행위를 하지 않았다는 이유로 양도행위를 추후에 취소할 수 없다. 또, 현재양도의사를 밝히면서 적법한 권리행사증서를 제3자에게 전달하였을 경우, 양도가 그 시점에서 이루어졌다고 간주할 수 있는 것도 같은 이유이다.

즉, 양도행위는 합의를 필요로 하지 않으므로 법률행위의 큰 범주에 묶어 넣을 수는 없다.

2. 양도행위에 있어서 공부상 등록은 필요치 않다.

양도 자체는 권리행사증서의 전달과 함께 완료되므로 양도인과 양수인 사이의 물권상의 권리관계는 그 시점에서 확정된다. 권리의 이전이 이와 같이 사적으로 이루어지므로 양수인은 항상 양도인에 의한 이중양도의 위험에 놓이게 된다. 즉, 양수인이 양도받기 이전에 제3자에게 양도가 이루어졌다면 양수인은 대금은 치르고 아무런 권리를 획득하지 못하게 되는 것이다. 물론 취득에 실패한 양수인은 항상 양도인에 대해 소송을 제기할 수는 있으나 물권을 취득할 수는 없다(상기한 "물권상의 권리관계"란 바로 이런 뜻이다).

이와 같은 상황을 완화시키기 위하여 미국의 여러 주에서는 모든 양수인이 물권 취득 이후 권리행사증서를 공부상 등록하도록 장려하고 있다. 즉, 기발생한 양도가 모두 공부상 공개되어 있다면 이중양도의 위험이 없어지기 때문이다. 이와 같이 공부상 등록을 장려하려는 정책은 소위 등록법(recording act)으로 완성되었는데 기본적으로 등록법상 양수인이 물권 취득 이후 권리행사증서를 공부상 등록하지 않은 경우, 양수인보다 늦게 당해 물건을 대가를 치르고 취득한 제3자가 당해 물권을 취득한 것으로 간주한다는 것을 골자로 하고 있다. 어떤 등록법들은 선양수인의 양수 여부를 몰랐던 모든 후양수인을 보호하고(소위, 'notice statute'), 다른 등록법들은 선양수인의 양수 여부를 알았는가와 관계없이 후양수인이 먼저 등기소에 뛰어가서(race!) 등록을 했어야만 보호를 받기도 하며(소위, 'race statute'), 가장 많은 경우 선양수인의 취득 여부를 몰랐음은 물론 등록도 먼저 했어야만 후양수인을 보호한다(소위, 'race-notice statute').

이와 같은 경합에서 밀려 취득에 실패한 자는 물론 이중양도를 범한 양도인에게 소송을 제기할 수 있다.

IV. 양도절차상의 하자가 발생할 경우
—계약위반에 대한 대응과 양도행위상의 하자에 대한 대응의 차이

양수도계약은 양도행위를 장래에 하겠다는 양도인의 약속과 이에 대한 대가를 지급하겠다는 양수인의 행위의 집합체이다. 양수도계약에도 불구하고 양도행위가 이루어지지 않았거나 양도에 대한 대가가 지급되지 않는 경우, 양자는 손해배상소송이나 요건이 충족될 경우 계약이행청구소송을 제기할 수 있다. 한 가지 유의할 것은, 계약일반론에 따라, 이미 계약이 체결된 이상, 상대방이 의무를 이행하고 있지 않다고 하더라도 계약을 취소할 수는 없고 상대방의 의무이행이나 손해배상을 청구할 수밖에 없다.

양도행위는 양수도계약과는 달리 양도인의 (실질적으로) 일방적인 행위이다. 그러므로 특별한 경우가 아니면 양도행위가 한번 이루어지면 취소가 불가능하다. 양도인은 권리행사증서를 이미 인도하여 양도행위를 마쳤으나 양수인은 대가를 지급하지 않았다면, 양도인이 할 수 있는 것은 오직 대금미지급에 대한 손해배상소송(suit for damages)뿐이며[3] 이미 이행한 양도

3 계약이행청구소송에서의 내용은 대금지급일 것이므로 손해배상소송과 계약이행청구소송은 같음.

행위를 취소할 수는 없는 것이다. 이와 같은 상황을 막기 위하여 에스크로를 이용하여 동시이행을 보장하는 것에 대해서는 이미 논의한 바와 같다.

V. 규약(covenant)의 필요성—양수인의 보호

만약, 양도행위가 이루어졌고 양도대가도 지불되었다면 물권법상 그리고 계약법상 거래는 완전히 이행된 것이므로 어떤 의미에서도 소송은 불가능해진다. 그러나 부동산의 특성상 계약이행 이후에도 심대한 문제가 발생할 수 있다.

예를 들어, 위에서 언급하였듯이 이중양도 시에 등록법상의 공식에 따라 이중의 한 양수인이 대가를 지급하고도 취득에 실패할 수 있다. 혹자는 이 경우 양도인이 이중양도를 한 것이므로 후양수인에게는 자신이 가지고 있지 않은 권리를 양도한 시점에서 후양수인에 대해 계약위반을 한 것이므로 계약상의 소송이 가능하다고 생각할 수 있다. 그러나 위에서 밝혔듯이 선양수인과 후양수인 중 누가 최후취득자로 남을지에 대해서는 등록법의 공식에 따라 진행되기 때문에 양도인이 미리 알 수 없다. 그러므로 선양수인이 경합에서 패배한다면 양도인에 대해 계약위반소송을 할 수 없다. 선양수인에게 양도행위를 할 때는 계약위반이 아니었었고 먼저 공부상 등록을 하지 않은 선양수인의 잘못이기 때문이다. 그러나 그렇다고 이중양도를 한 양도인을 법이 보호해 줄 수는 없다.

위와 같은 이유로 (다른 이유도 있겠지만) 권리행사증서에는 각종 규약들(covenant)이 기재되는 것으로 보인다. 그리고 계약이행이 완료된 이후에 발견된 양도행위상의 하자에 대해서는 양수도계약에 의한 소송을 제기하는 것이 아니라 권리행사증서에 기재된 규약(covenant)상의 소송을 제기하게 된다. 규약(covenant)은 계약조항들과는 달리 상대방의 합의 표명 없이도 권리가 발생하므로 계약이 아닌 문서인 권리행사증서상에서 제기를 하여도 문제가 없다.

권리행사증서는 규약의 적용범위에 따라 일반보증증서(general warranty deed 또는 grant deed)와 무보증증서(quitclaim deed)라는 양극단 사이에 다양한 경우의 수가 존재할 수 있다. 일반보증증서는 6개의 기본규약을 모두 포함하고 있는 증서를 뜻하는데 기본규약들은 다음과 같다.

- **covenant of seisin**
  양도인이 소유권을 가지고 있음을 보증함
- **covenant of right to convey**

양도인이 소유권을 양도할 권리를 가지고 있음을 보증함

- **covenant against encumbrance**
  소유권에 대한 유형적 무형적 방해물,
  즉 통행권, 저당권 등이 존재하지 않음을 보증함
- **covenant of quiet enjoyment**
  제3자가 양수인의 소유권에 대해 정당한 권리를 가지고
  공격하지 않도록 할 것을 약속함
- **covenant of warranty**
  제3자가 양수인의 소유권을 침해할 경우,
  양도인이 방어하기로 약속함
- **covenant of further assurances**
  양도인의 소유권을 완성하기 위하여
  양수인이 추가 절차를 이행할 것을 약속함

아래의 3개의 규약(quiet enjoyment, warranty, further assurances)은 내용상 양도행위 이후의 양도인의 장래 의무를 규정하고 있다. 특히 covenant of warranty · quiet enjoyment는 내용상 이중양도를 하지 않을 의무도 유추해석할 수 있게 되어 있다. 그러므로 위에서 언급한 등록법상의 경합에 따라 최종취득에 실패한 선양수인의 경우 양수도계약상으로는 양도인을 제소하지 못하겠지만, 위 규약상의 하자에 대하여 양도인에게 소송을 제기할 수 있게 된다.

이에 비해 위의 3개의 규약(seisin, right to convey, against encumbrance)은 장래에 대한 규약(covenant)이라기보다는 현 시점(즉, 권리행사증서의 양도 시점)의 상황에 대한 보증(warranty)이며, 특히 양수도계약상에 이미 명시적으로 포함되거나 그렇지 않다면 암묵적으로 유추되는 내용임을 알 수 있고 특히 양수도계약으로 보호하고자 하는 양수인의 권리를 상당 부분 포함하고 있음을 알 수 있다. 이에 따라 미국 법원은 아예 양도행위가 어떻게든 이루어진 이후에는 양수도계약상의 관련 권리들은 모두 권리행사증서(deed)상의 권리로 흡수(merger)된다는 이론을 따르고 있는데 바로 앞의 3개의 규약으로 흡수되는 것으로 보인다(물론, 양수도계약에 다른 특약이 있다면 이 특약의 불이행에 대한 소송은 별개의 문제이다).

필자의 생각에는 흡수이론은 무의미한 것으로 보인다. 부동산양수도계약도 다른 계약들처럼 계약이행에 하자가 있다면 언제라도 소송이 가능하게 되어 있어야 한다. 주식매매계약 또는 신주발행계약 등도 계약체결 시점 또는 거래완결(closing) 시점에서 양도인 또는 발행사가 선언한 진술과 보증은 거래완결 시점 이후에도 일정 기간 유효하여 하자 발견 시 양도인/발행사의 발행(indemnification)의무가 존재하는 것이 관행적이다. 어차피 같은 내용의 소송을 계약상의 소송과 증서(deed)상의 소송으로 분리하는 이유가 하등 없어 보인다. 즉, 흡수한다고 하지 않아도 이미 흡수되어 있는 것이다.

물론, 그 차이는 무보증증서(quitclaim deed)에서 나타난다. 위의 기본규약들을 포함하지 않는 무보증증서의 경우는 자신이 가지고 있는 권리를 그 권리의 내용이 무엇인지에 대한 아무런 설명 없이 그대로 이전한다는 것이다. 사실 무보증증서는 아무런 보증이 없기 때문에 우선 양도행위가 이루어져 계약이행이 완료된 이후에는 양수인의 보호기제는 계약법상 또는 물권법상 전혀 없어지게 된다.[4] 그러나, 이 경우에도 위의 증서상의 규약들(deed covenant)을 모두 계약에도 똑같이 적으면 나중에 규약위반소송을 할 때 이것이 계약상의 소송인지 증서상의 소송인지는 무의미해진다.

양수인이 증서상의 규약 위반에 대한 소송을 통해 얻을 수 있는 것은 계약상의 구제금원판결(damages) 내지는 이행명령(specific performance)이다. 즉, 양도인은 손해배상액을 지불하거나 원래 의도되었던 물권을 양수인에게 양도시켜 주어야 한다. 위

4 권원보험(title insurance)이 양수인을 보호해 줄 수는 있으나, 똑같은 이유로 권원보험사들은 무보증증서에 대한 보험을 판매하기를 꺼린다.

에서 언급하였듯이 이중양도가 이루어진 후 등기법에 의해 실권한 선양수인의 경우에는, 양도인이 선양수인에게 매매가 내지 시가를 돌려주거나 후양수인에게 부동산을 다시 찾아서 선양수인에게 이전하거나 해야 한다. 하지만, 소송을 통해 물권의 양도를 취소하거나 제3자에게 이루어진 양도를 취소할 수는 없었다. 양도행위만 적법하게 이루어졌다면, 더 이상의 물권법상의 공격은 불가능해진다. 소위 물권행위의 독립성(獨立性)이다.

결론

정리하자면, 미국에서의 자발적인 물권의 양도(conveyancing)는 당해 물권양도의 이유와는 독립적으로 존재한다. 즉, 물권의 양도는 대가에 의해 이루어질 수도 있고 대가가 없는 증여의 형태로 이루어질 수도 있다. 물론 양도는 시효취득, 상속 등의 법률행위가 아닌 사실행위와 이에 촉발된 법의 작용에 의해 이루어지기도 한다. 덧붙여서, 대가유무로부터 자유로움과 마찬가지로, 물권양도는 계약에 의해 이루어질 수도 있고 계약이 없는 상황에서 이루어질 수도 있다.[5]

5 영미법상에서는 증여계약은 존재하지 않는다는 원칙이 있으나, 이 원칙에

또, 물권의 양도와 그 양도를 기속하는 계약은 서로 독립적으로 존재하므로, 물권 양도 자체는 당사자들 사이에 합의를 통해 이루어질 필요는 없고 양도할 수 있는 권리를 가진 자의 일방적인–이론적으로는 쌍무적이나 실질적으로는 일방적인–행위로 이루어질 수 있다. 소위, 물권행위의 무인성과 독립성이 보장된다.

마찬가지로 양도는 양도의 공부(公簿)상의 등록, 즉 등기와는 독립된 개념이다. 등기부상의 등록 여부에 관계없이 양도는 이루어진 것으로 보며 공부는 단지 피양도인들 사이의 권리 다툼에 있어서 우선권을 정하기 위한 자료로만 이용된다.

결론적으로 말하면, 한국법상으로는 이론만 존재하고 실제로는 존재하지 않는 물권행위의 한 종류가 양도행위(conveyancing)이라는 형태로 미국에서는 버젓이 존재하는 것이다. 심지어 미국의 물권행위는 한국의 판례에서는 모두 부인되면서 수업시간에만 강조되는 무인성의 요건도 완벽하게 충족한다. 그러나 이 모든 것은 미국의 부동산법이 등기를 소유권 이전의 요

대해서도 예외가 존재한다. 여기서는 단지 어떤 양도가 일반적으로 증여/대가성 여부와는 별개로 이 양도를 기속하는 계약이 존재할 수도 있고 존재하지 않을 수 있음을 말하려는 것이다.

건으로 보지 않기 때문이다.

그렇다면, 한국법학교육의 경우에는 어떻게 해야 하는가? 한국법상으로는 물권행위의 개념은 폐기되어야 하는 것으로 보인다. 기본적으로 한국에서 물권행위는 상상 속에 존재하는 봉황이나 용과 같은 존재이기 때문이다. 심지어 한국에서는 본 적도 없고 들은 적도 없고 상상만 했던 물권행위가 미국에 존재하기는 하지만 미국에서는 물권행위라는 개념 자체가 없다. 물권행위가 물권법의 중심에 놓여 있는데 어떻게 폐기하느냐—미국에 대해서는 어떻게 물권행위의 개념이 없을 수 있느냐—고 반문할지 모르지만 위에서 언급했듯이 물권행위는 모두 법 분야를 법률행위라는 개념을 중심으로 연역적으로 체계화하려는 노력에서 비롯된 것으로 보인다. 미국은 물권행위의 한 형태가 실제로 존재함에도 물권행위라는 개념을 전혀 사용하지 않고 물권법을 효율적으로 가르치고 있다는 점에 유의해야 한다.

또 물권행위라는 개념을 포기할 수 없다면, 도리어 실무가들처럼 물권행위, 법률행위 모두 법률을 학문적으로 이해하기 위한 도구로서 승인하고 실제 업무는 이 개념들과 관계없이 처리하면 되는 것이 아닌지 생각해 본다. 물권행위에 대한 공격 자체가 물권행위의 지위를 인정하는 효과를 내는 것은 아닐지.

필자의 생각으로는 물권행위나 법률행위의 개념이 실무에서 방해가 되지는 않는다. 단, 법률을 가르치는 데에 있어 교육적인 도구로서 매우 효율이 떨어지는 것이 문제로 보인다. 즉, 법률행위, 채권행위, 물권행위와 같은 연역적인 개념으로 서로 상이한 것들을 한꺼번에 묶어서 가르치려는 시도가 법률교육에 짐이 되고 있다. 예를 들어, 분필, 오렌지, 개구리에 대해 각각 정의를 내려 보라고 하면 정의를 각각 내릴 수 있겠지만 이를 다 묶어 '사물'이라고 정의를 내려 보라고 할 때 느끼는 허탈함을 음미해 보자. 결국, 물권행위와 법률행위의 개념은 선배 법과대학 교수들이 남긴 짐을 어떻게 안고 가면서 민법을 가르칠 것인가를 풀어내야 하는 법과대학 교수들만의 고민으로 남겨져 있는 것으로 보인다.

이와 같이 '물권행위'의 개념이 초래하는 문제가 학문적이라기보다는 단지 교육적인 것이라면, 물권행위는 어차피 상상 속에 존재하는 용과 같은 존재인데 이런 환상과 싸우려 들 것이 아니고 "한국에서 등기법만 생기지 않았다면 물권행위라는 상상 속의 동물이 실제로 존재했을 것"이라고 설명하는 것은 어떨지. 만약 이런 이해가 틀렸다면 필자는 한국법 내에서 물권행위라는 개념이 초래하고 있는 혼돈이나 비효율에 대해서 필자가 정확히 이해하지 못하고 있음을 인정할 수밖에 없다.

느린 동작 화면으로 본 물권행위

김제완
고려대학교 법과대학 교수

■ 본 논문은 修巖獎學文化財團의 지원으로 이루어졌음.

프롤로그

물권행위의 독자성 문제와 유인성, 무인성 문제는 물권법을 강의하는 교수로서는 매우 곤혹스런 주제임에 틀림없다. 학생들로서도 물권법을 공부하는 초반부에 부딪히게 되는 이 주제로 인하여 많은 어려움을 겪는다.

독일인처럼 분리 단절적인 법적 사고를 하기보다는 포괄적이고 종합적으로 사고하는 우리나라 사람들로서는 물건에 관한 매매계약을 함에 있어서 채권행위와 물권행위를 구별하기가 개념적으로 쉽지 않다. 출발점이 되는 '장차 물건의 소유권을 이전해 주기로 하는 계약'(채권행위)과 '지금 이 순간 물건의 소유권을 이전한다는 계약'(물권행위)의 구분부터 학생들은 쉽게 이해하지 못한다. 독자성 부정설과 긍정설, 유인성설과 무인성설과 그 적용상의 차이점 등을 장황하게 설명하나, 많은 학생들은 잘 따라오지 못한다. 우리나라의 무인성설은 대부분 상대적 무인성설을 취하고 있으므로 결과적으로 유인성설을 취하는 것과 실제로는 별다른 차이가 없으며 판례에서는 물권행위의 독자성과 무인성을 부정하고 있다고 설명하면 학생들이 다소 안심을 한다. 그러나 이와 같은 많은 복잡한 논의가 실제로 무슨 의미가 있는지에 대해 개인적으로 의문이라는 지적을 교수가 추가하면, 학생들은 교수도 의문을 가지는 이 주제를 더 두려워하게 된다. 교수로서 더 답답한 것은 '민법학자가 되어 이 문제의 해결을 필생의 연구과제로 해 보겠다'고 하는 학생이 나타날 때이다. 무어라 설명을 하여야 할지 가슴이 답답해진다. 이 주제의 마지막 시간에 교수는 물권행위의 독자성 무인성 논의를 향후의 물권법 관련 다른 문제를 생각할 때에는 가능한 한 잊으라는 당부를 한다. 그 이유는 이 주제에 관한 복잡한 논의에 취한 나머지 이 주제가 물권법의 전반을 관통하는 중요한 주제라고 잘못 이해하여 모든 민법 문제를 해결하는 데 있어서 이 쟁점의 언저리를 맴도는 오류를 종종 저지르기 때문이다. 국가시험에서 그런 답안을 작성하면 물론 과락을 면하기 어렵다는 조언과 함께….

물권행위의 독자성과 무인성 문제는 법과대학 학생들이 자신이 법학에 적성이 있는지를 다시 생각하여 전과(轉科)를 고려하게 하는 계기가 되는 단골 주제 중의 하나이다.

물권행위는 중요한 행위인가?

편의상 가장 단순한 예로서 부동산(不動産)에 관한 매매계약으로 이야기를 시작해 보자. 물권행위의 개념을 인정한다면, 거래는 다음과 같은 순서로 발생한다.

① 채권행위로서 매매계약이 성립된다.

② 채권행위의 성립으로부터 이행에 이르는 과정상 어디에선가 물권행위가 성립된다.

③ 성립요건주의를 취하고 있는 우리 민법상으로는 물권행위뿐 아니라 등기가 이루어져야 그때 비로소 소유권이 이전된다.

이와 같은 흐름을 놓고 본다면 우선 다음과 같은 근본적인 의문을 가지게 된다.

"물권행위는 중요한 행위인가?"

만일 물권행위가 당사자에게 중요한 행위라면 일단 적어도 언제 어떻게 이루어지는 것인지가 분명하여야 함은 당연하다.

그런데 우리나라에서는 물권행위가 언제 이루어지는가 하는 점이 매우 불분명하다.

부동산에 관한 매매계약을 하는 당사자들은 계약서나 등기이전서류 등을 매우 중요시하고, 중도금 잔금 지급기일에 민감하다. 그러나 자신이 언제 물권행위를 하는지는 모른다. 물권행위를 할 때에는 무엇을 어떻게 해야 하고 어떤 점에 유의하여야 하는지도 모른다. 보다 솔직히 말하면 우리 거래계에서는 물권행위가 무엇인지를 모르는 것이다.

그러나 주지하다시피 학계에서는 이 문제에 관하여는 물권행위가 원칙적으로 채권행위인 계약과 함께 이루어진다는 이른바 독자성 부정설이 있는가 하면 달리 이루어지는 것이 보통이라는 독자성 긍정설이 있다.

물권행위와 등기와의 관계는?

물권행위가 채권행위와 동시에 이루어진다면, 물권행위를 채권행위와 분리하여 검토하는 실익이 없음은 당연하다. 그렇다면 물권행위가 채권행위 후에 이루어진다고 보아야 독자성 긍정설이 의미를 가지는 것인데, 계약 후 언제일까?

우리의 거래 실무를 살펴본다면, 매매계약 후에 "이 순간 이 부동산이 당신의 소유로 이전된다"는 합의를 별도로 하지는 않는다. 그러나 그와 가장 유사한 시점은 잔금지급일에 소유권이전등기서류를 교부하는 때일 것이다. 거래 실무를 보면 매도인과 매수인이 계약체결 후 만나게 되는 것은 중도금지급일과 잔금지급일 두 번인 것이 보통이다. 이 중에서 중도금지급일에 소유권을 이전한다는 합의를 한다고 볼 수는 없기 때문에 남는 것은 잔금지급일밖에 없다. 이 시점에는 등기가 경료된 것이 아니어서 소유권이 이전된 것은 아니지만, 당사자들은 잔금지급일에 소유권이전등기서류를 동시이행으로 교부하면서 사실상 거래가 종결된 것으로 인식하기 때문이다. 등기 이전을 위하여 다시 만나는 일도 없고, 중개수수료도 이때 지급되며, 부동산의 인도도 이때 이루어지는 것이 보통이다. 아파트의 관리비와 수선충당금에 대한 정산도 이 시점을 기준으로 모두 이루어진다. 거래가 정상적으로 이행되는 경우라면 잔금지급일에 소유권이전등기서류를 교부한 후에 매매당사자들이 다시 만나지 않는다. 매매당사자가 만나야 하는 경우는 담보책임을 묻게 되는 상황 정도를 생각할 수 있을 뿐이다. 이와 같은 점을 고려한다면 물권행위가 이루어질 수 있는 것은 이 시점 이외에는 생각하기 어려울 것이다.

물권행위가 잔금지급일에 등기이전서류의 교부와 함께 이루어지는 것이라면, 등기와 물권행위와의 관계는 무엇인가가 당연히 문제될 것이다. 등기신청의 합의 및 등기와 물권행위가 같은 것인지, 물권행위가 등기를 포함하는 것인지, 양자가 조건관계인지 등 복잡한 개념상의 문제가 남는다. 물론 여기에 관해서도 주지하다시피 다양한 견해가 제기되고 있다. 그러나 한번 생각해 보자. 물권행위가 이루어진들 등기가 이루어지지 않으면 어차피 소유권 이전이 이루어지지 않는다. 그렇다면 물권행위와 등기가 서로 별개의 것이라고 인정하는 것은 무슨 의미가 있는가? 만일 비록 등기가 이루어지지 아니하였다 하더라도 물권행위를 한 것만으로도 채권행위를 행한 단계에 비해 어떠한 물권적 효력이 있다고 한다면 그 의미가 있을 것이다. 그런데 그와 같은 단계에서 어떠한 물권적 효력을 인정하기는 어렵다. 주지하다시피 이 점에 관하여 과거에 물권적 기대권(物權的期待權) 등의 이론이 제기된 바가 있지만, 일반적으로 받아들여졌다고 생각되지는 않는다.

우리 민법이 대항요건주의를 버리고 성립요건주의를 취한 것은 등기를 하여야 물권변동을 인정하겠다는 의지를 표현한 것이다. 등기를 하지 아니하는 한 제3자와의 관계에서는 물론

이고 당사자 간에도 물권변동을 인정하지 않는다는 것이다. 그렇다면 물권행위만 하고 등기를 하지 아니한 상태를 물권법적으로 어떻게 보는 것이 옳을 것인가? 대항요건주의하에서라면 이와 같은 상태에 관하여 어떠한 효력이든 인정할 수 있을 것이다. 그러나 성립요건주의는 바로 이런 경우를 염두에 두고 물권변동을 부정함으로써 공시제도를 강제하겠다는 것이 아니었을까? 우리 민법 체제하에서 등기를 하지 아니한 물권행위는 물권법적으로는 의미를 부여할 수가 없다. 그렇다면 물권행위란 결국 등기과정에 포함되어 있는 등기 이전(登記移轉)의 합의(合意) 또는 이와 관련된 의사작용(意思作用)으로서 등기과정의 일환으로 이루어지는 것이라고 보는 설명이 가장 거래실상에 부합하는 것이 아닐까 하는 생각이다.

물권행위 이론의 원조라고 할 수 있는 독일의 경우를 비교해보아도 이와 같은 설명을 납득할 수 있다. 결국 독일에서는 'Auflassung' 과정에 물권행위가 이루어진다고 본다는 것인데, 이는 등기 이전을 위하여 양 당사자가 합의(Einigung)를 행하고 확인하는 과정이라고 이해된다. 다만 우리나라의 경우와 달리 이 합의는 엄격한 형식 및 절차와 무인성(無因性)을 특징으로 한다고 할 수 있다.

느린 동작 화면 A-1—물권행위의 이행과 불이행

물권행위가 등기 이전의 합의 또는 이와 관련된 의사작용으로서 등기과정의 일환으로 이루어진다고 본다면, 다음으로 남는 질문은 그 이행의 문제이다. 원인행위인 채권행위와 달리 물권행위는 그 자체로서 효력을 발생시키며 달리 이행의 문제를 남기지 않는다고 한다. 이행의 문제가 남지 않는다는 점은 그것이 만일 계약이라면 매우 특이한 것으로서 원인행위인 채권행위와 뚜렷이 구별되는 특징이라고 할 수 있다.

그러나 "물권행위가 본질적으로 이행의 문제를 남기지 않는다"는 것은 물권행위가 이루어지는 경우에 그러할 뿐이다. 계약의 이행과정을 전체적으로 보자. 원인행위인 계약상으로는 아무 문제가 없는데 상대방이 다음 단계인 물권행위를 하기를 거부하면 어떻게 되는가? 결국 이행의 문제를 남기지 않는다는 명제만으로는 모든 것을 제대로 설명할 수가 없다. 물권행위 자체의 불이행[1]을 어떻게 해결할 것인지가 함께 설명되어야 하는 것이다.

---

1 불이행이라기보다는 행위의 거부라고 하는 편이 적절할지도 모른다. 그러나 채권행위의 측면에서 전체적으로 보면 약속을 이행하지 아니하는 것임에는 틀림없다.

이 문제에 관하여 우리 민법 및 민사집행법의 내용은 매우 흥미로운 시사점을 준다. 필자는 물권행위의 독자성과 무인성을 주장하는 민법학자들이 그 실정법상의 근거로 민법 제389조 제2항의 활용가능성에 왜 주목하지 않는가 의문이다.

실무상 매매계약 후 매도인이 소유권을 이전해 주지 않으면, 매수인은 매도인을 상대로 소유권이전등기청구의 소를 제기한다. "피고는 〔…〕 부동산에 관하여 〔…〕 일자 매매를 원인으로 한 소유권이전등기절차를 이행하라"라는 소를 제기하는 것이다. 이 재판에서 승소판결을 받아 확정되면, 매수인은 매도인의 협력 없이 이 판결문을 가지고 등기 이전을 신청할 수 있다. 이른바 등기에 관한 공동신청주의의 예외로서 단독신청이 인정되는 사례 중의 하나이다.

그런데 왜 단독신청이 가능하다고 보는 것일까? 물론 부동산등기법 제29조에 그리 규정하고 있기 때문이라고 간단히 답할 수도 있을 것이다. 그러나 보다 근본적인 것은 이 소유권이전등기 판결이 매도인의 의사표시에 갈음한다고 보기 때문이다. 민법 제389조 제2항에서는 "債務가 法律行爲를 目的으로 한 때에는 債務者의 意思表示에 갈음할 裁判을 請求할 수 있다"고 규정하고 있다. 우리의 민사재판 실무는 부동산매매계약 후 매도인이 등기를 이전하지 아니하는 경우에 강제이행방법에 관하여 이 규정을 적용하여 이른바 '意思의 陳述을 命하는 判決' 내지 대용판결(代用判決)을 받아 강제이행(强制履行)하는 것으로 해석 운용되고 있다. 등기 이전을 위하여 양 당사자는 등기 이전의 합의를 하여 등기를 신청하여야 할 것인데, 매도인이 이를 이행하지 아니하고 있는 경우의 강제이행방법이라는 것이다. 나아가 민사집행법 제263조 제1항에서는 의사표시의무의 집행에 관하여 '의사의 진술을 명한 판결이 확정된 때에는 그 판결로 의사를 진술한 것으로 본다'고 규정하고 있다.

한편, 부동산매매를 원인으로 한 소유권이전등기 재판에서 심리 결과 매도인이 소유권을 이전해 주는 것이 옳을 경우, 판결에서 "원고에게 〔…〕 부동산의 소유권을 이전한다"라고 명(命)하면 족하지 않을까 하는 생각을 해 볼 수 있을지도 모른다. 법원의 판결로써 소유권이 원고에게 즉시 이전되는 것이다. 이와 같이 하면 판결문을 가지고 별도로 등기신청을 할 필요도 없어 당사자에게는 더 권리구제에 신속하고 편리할 수도 있다. 이는 일종의 형성판결(形成判決)일 것이기 때문이다. 그런데 우리 법원은 "원고에게 〔…〕 부동산의 소유권을 이전한다"라고 명(命)하는 방식의 재판을 하지 않는다. 그 대신 위에서 지적한 바와 같이 "피고는 〔…〕 부동산에 관하여 〔…〕 일자 매매를 원인으로 한 소유권이전등기 절차를 이행하라"라는 일종의 이행판결(履行判決)을 선고한다. 이행판결이기 때문에 이와 같은 유형의 사건에서 판결을 받아 등기를 이전받는 경우에는 민법 제187조가 적용되는 것이 아니고 제186조가 적용된다.[2] 따라서 소유권 이전 시점도 판결 확정 시가 아니라 등기 이전 시가 된다고 보고 있는 것이다.

결국 우리 민법과 강제집행법이 상정하고 있는 것을 실무에서는 다음과 같이 이해하고 있는 것으로 정리할 수 있다.

> ① 부동산매매계약을 하면 등기 이전을 해 주어야 할 의무가 있다.
> ② 이를 이행하지 않는 경우에 강제이행하는 방법은 채무가 법률행위(法律行爲)를 목적으로 하는 경우로 보아 민법 제389

---

2 "판결에 의한 부동산 물권취득은 등기할 필요가 없으나 이때의 판결이란 판결 자체에 의하여 부동산 물권취득의 형성적 효력이 생하는 경우를 말하는 것이고, 당사자 사이에 이루어진 어떠한 법률행위를 원인으로 하여 부동산 소유권이전등기절차의 이행을 명하는 것과 같은 내용의 판결은 이에 포함되지 아니한다." 대법원 1970.6.30. 선고 70다568 소유권이전등기말소등 ; 대법원 1963.4.18 62다223 ; 대법원 1969.10.08 자 69그15 결정 ; 대법원 1982.10.12 선고 82다129 소유권이전등기말소 등.

조 제2항의 의사의 진술을 명하는 판결에 의한다.

③ 판결이 확정되면 그 판결로써 채무자(매도인)의 의사가 진술된 것으로 간주된다(민사집행법 제263조 제1항).

④ 승소판결을 확정받은 매수인이 단독으로 등기신청을 하면, 매도인의 의사는 승소판결에 의한 진술간주에 의하여 갈음되므로 양자가 의사표시를 합하여 등기를 신청하는 셈이 된다.

⑤ 이에 따라 등기가 실제로 경료되면 그때에 민법 제186조에 따라 소유권이 이전된다.[3] 이 경우 소유권 이전의 근본 원인은 판결(判決)이 아니라 매매(賣買)라고 이해하기 때문이다. 다만 매매에 의하여 양 당사자가 합의하여 등기가 이루어져야 하는데 매도인 측에서 법률행위를 해 주지 아니하였기 때문에, 이를 강제하는 수단으로 판결이 사용된 것에 불과하다.

계약이 정상적으로 이행되는 과정은 아무리 두 눈을 부릅뜨고 살펴보아도 물권행위가 언제 어떻게 이루어지는지 찾아내기가 쉽지 않다. 그런데 물권행위가 불이행 내지 거부되는 상

3 따라서 승소판결이 확정된 후라 하더라도 등기 이전이 이루어지지 않으면 소유권이 이전되지 않는다. 예컨대 승소판결 확정 후에 제3자에게 소유권이 이전되면 그 제3자가 유효하게 소유권을 취득하며, 그 판결은 집행불능으로 될 뿐이다. 이와 같은 상황이 발생하는 것을 예방하기 위해 재판실무상 소유권이전등기청구의 소 제기 전에 부동산처분금지가처분을 해 두는 것은 상식이다.

황이 되면 달라진다. 이는 순식간에 이루어지는 것이 아니라 재판과 강제이행이라는 긴 과정을 통해 이루어지기 때문이다. 그 전체 과정을 분석해 보면 물권행위가 어디에 숨어 작용하고 있는지를 찾아낼 수 있을지도 모른다. 마치 야구에서 타자의 타격 자세를 느린 동작 화면(slow video)으로 보면서 분석해 보면, 통상적인 동작으로는 발견할 수 없었던 미세한 동작을 찾아내 살펴볼 수 있는 것처럼….

물권행위를 찾아내기 위해 부동산매매계약의 강제이행 과정을 느린 동작 화면으로 계속 분석해 보자.

느린 동작 화면 A-2—강제이행과정에서 본 물권행위

이상과 같은 실무에서의 이해를 살펴본다면, 민법 제389조 제2항은 물권행위의 독자성과 무인성을 설명하는 데에 상당히 강한 실정법상의 근거가 될 가능성이 있다는 필자의 제시를 수긍할 수 있을 것으로 생각된다.

아마도 다음과 같은 주장이 가능할 것이다.

> ① 우리 민법 제389조 제2항의 해석상 부동산매매계약이 이행되지 않는 것은 단순히 사실행위(事實行爲) 내지 별도의 법정

요건(法定要件)으로서의 등기(登記)가 이전되지 않는 것으로 보는 것이 아니고, '채권(債權)의 목적(目的)인 법률행위(法律行爲)'가 이행되지 않는 것으로 이해될 수 있다.

② 여기서의 법률행위란 다름 아닌 물권행위(物權行爲)를 지칭하는 것이다.

③ 매매계약에 의하여 양 당사자는 물권행위를 해 줄 채무를 부담하게 된다.

④ 물권행위를 이행하지 않을 경우 그 법률행위를 강제하기 위해 의사의 진술을 명하는 판결이 이용된다.

⑤ 법원의 확정판결만으로 소유권이 이전되는 것은 아니다. 확정판결에 의하여 양 당사자의 의사가 확정된 것에 불과하니, 이는 물권행위가 이루어진 단계라고 할 수 있다. 그러나 이 단계에서는 등기가 이루어지지 아니하였기 때문에 아직 소유권이 이전된 것은 아니다.[4]

⑥ 결국 부동산매매계약에 관하여 정상적으로 계약이 이행되는 유형을 통해서는 파악하기가 쉽지 않으나, 불이행으로 인해 강제이행을 하는 과정을 살펴보면 마치 느린 동작 화면을 보는 것과 같이 물권행위의 독자성을 보다 명확히 알 수 있다.

---

4 이는 마치 소유권이전등기서류를 교부받을 때에 물권행위가 이루어진 것으로 보더라도 이를 교부받은 매수인이 등기를 하지 아니하면 소유권이 이전되지 않는 것과 같다.

부동산매매계약의 경우 먼저 채권행위가 있고, 그 후 물권행위가 이루어지며, 물권행위와는 별도로 등기가 경료됨으로써 소유권이 이전되는 것을 알 수 있다.

느린 동작 화면 A-3—강제되는 법률행위는 무엇인가?

이상과 같은 주장에 관하여 어떠한 반론이 가능할까?

일단 민법 제389조 제2항을 매매를 원인으로 한 부동산소유권이전등기사건에 적용하는 실무의 태도가 타당한가 하는 의문을 제기할 수 있을 것이다.

이 조항은 법률행위를 채권의 목적으로 하는 경우에 적용되는 것이다. 이 조항이 상정한 대표적인 예를 들자면, 제3자 또는 상대방에 대한 법률행위를 한쪽 당사자의 채무로 하는 계약을 생각해 볼 수 있을 것이다. 예컨대 제3자에 대한 채무를 면제해 주는 행위(상대방 있는 단독행위), 사단법인설립에 참여하는 행위(합동행위) 등을 한쪽 당사자의 채무로 하는 경우를 생각해 볼 수 있다. 그러나 이와 같은 원칙적인 유형은 실무상 잘 발생하고 있는 것 같지 않다. 오히려 실무상 종종 사용되는 예로는 다음과 같은 것이 있다.

① 강제수용(强制收容)된 부동산에 관하여 시효취득자(時效取得者)의 대체청구권(代償請求權)이 문제되는 경우에 수용보상금채권에 관하여 지명채권양도통지를 청구하는 경우[5]

② 미완성건물이 매매된 경우에 관하여 건축허가명의자에 대한 변경을 신청해 줄 것을 청구하는 경우[6]

③ 행정청으로부터 받은 인가(認可) 지위가 양도된 경우 수인가자(受認可者)에 대한 변경을 신청해 줄 것을 청구하는 경우[7]

---

5 "소유권이전등기의무의 목적 부동산이 수용되어 그 소유권이전등기의무가 이행불능이 된 경우, 등기청구권자는 등기의무자에게 대상청구권의 행사로써 등기의무자가 지급받은 수용보상금의 반환을 구하거나 또는 등기의무자가 취득한 수용보상금청구권의 양도를 구할 수 있을 뿐 그 수용보상금청구권 자체가 등기청구권자에게 귀속되는 것은 아니다." 대법원 1996.10.29. 선고 95다56910 손실보상금수령권확인.

6 "건축 중인 건축물을 양수한 자가 건축주 명의변경에 동의하지 않는 양도인을 상대로 그 의사표시에 갈음하여 건축허가서의 건축주 명의변경절차 이행을 구하는 소는 소의 이익이 있다." 대법원 1989.5.9. 선고 88다카6754 건축허가명의변경.

7 "학원의 수인가자의 지위를 양도받은 자가 그 설립자 변경으로 인한 변경인가를 받기 위하여는 양도인의 인가행정청에 대한 변경인가신청의 의사표시를 요한다고 할 것이며 양도인이 그러한 신청의 의사표시를 거부할 때에는 양수인은 그 의사표시에 갈음하는 판결을 청구할 권리보호의 이익이 있다고 할 것이고 행정청이 반드시 그러한 변경인가를 하여야 하는 것은 아니라거나 또는 행정청으로부터 그러한 변경인가신청이 거부될 가능성이 있다는 점만으로 권리보호의 이익이 부정될 수는 없으므로 학원인가에 관한 설립자 명의

④ 공동예금자에 대하여 예금 인출에 동의하여 줄 것을 청구하는 경우[8]

⑤ 학교법인의 기본재산인 부동산에 관하여 등기 이전을 요구하는 경우에 그 기본재산의 처분에 대한 행정청에의 허가를 신청할 것을 청구하는 경우[9]

변경절차의 이행을 구하는 소는 적법하다." 대법원 1992.4.14. 선고 91다39986 자동차학원인가명의변경.

8 "공동명의예금의 인출방법은 공동명의자와 금융기관 사이의 공동명의예금계약의 내용에 따라 결정되는 것이고, 계약의 내용이 공동명의자 전원의 인감증명이 날인된 예금청구서에 의하는 한 공동명의자 중 1인이 단독으로 예금청구를 할 수 있다는 것이면 공동명의자 중 1인은 다른 공동명의자의 동의를 받아 단독으로 예금을 청구할 수 있고, 다른 공동명의자와 금융기관을 공동 피고로 하여 다른 공동명의자에 대하여는 단독 예금청구에 관한 동의를, 금융기관에 대하여는 다른 공동명의자에 대한 승소를 전제로 한 예금청구를 소구할 수 있다." 대법원 2001.6.12. 선고 2000다70989 예금 ; 대법원 1994. 4.26. 선고 93다31825 예금 등.

9 "학교법인에게 명의신탁한 부동산에 대해서 관할청의 허가가 있으면 명의신탁자는 이를 반환받을 수 있으므로 명의신탁자가 명의신탁을 해지한 경우에는 명의수탁자인 학교법인으로서는 관할청에 대하여 명의신탁 부동산 반환에 관하여 관할청의 허가를 신청할 의무를 부담하고, 명의수탁자가 이러한 의무를 이행하지 않는 경우에는 명의신탁자로서는 민법 제389조 제2항에 의하여 허가신청의 의사표시에 갈음하는 재판을 청구할 수 있으며, 관할청이 반드시 허가를 하여야 하는 것은 아니라는 이유만으로 그와 같은 재판의 청구가 권리보호의 이익이 없는 것이라고 할 수 없다." 대법원 1995.5.9. 선고 93다62478 건물소유권이전등기 ; 대법원 1997.12. 26. 선고 97누14538 부동산처분

⑥ 국토이용관리법상 토지거래허가지역 토지를 매매한 경우에 상대방에게 공동으로 토지거래허가신청을 할 것을 구하는 경우[10]

등을 들 수 있다.

그런데 이상과 같은 민법 제389조 제2항의 적용사례들과 비교하여 볼 때, 부동산매매계약 일반에 관하여 이 조항을 적용하는 것이 타당한가?

일단 이상의 적용사례들의 성격을 일률적으로 판단하기도 쉽지 않아 보인다. 권리 이전을 위한 본래적인 공시방법을 구하는 경우도 있지만(①의 경우), 민법상 적절한 공시방법이 없는 종류의 권리의 이전에 관한 사안에서 권리 이전의 방편으로 행정청(行政廳)에 대하여 명의 이전의 신청을 구하는 경우(②,

---

허가신청거부처분취소 등.

10 "규제지역 내의 토지에 대하여 거래계약이 체결된 경우에 계약을 체결한 당사자 사이에 있어서는 그 계약이 효력 있는 것으로 완성될 수 있도록 서로 협력할 의무가 있음이 당연하므로, 계약의 쌍방 당사자는 공동으로 관할 관청의 허가를 신청할 의무가 있고, 이러한 의무에 위배하여 허가신청절차에 협력하지 않는 당사자에 대하여 상대방은 협력의무의 이행을 소송으로써 구할 이익이 있다." 대법원 1991.12.24. 선고 90다12243 토지소유권이전등기.

③의 경우)도 있다. 본래적인 의미의 의사표시로서의 동의(同意)를 구하는 경우도 있으나(④의 경우), 등기 이전을 청구하기 위한 전단계로 특별법에서 추가적으로 정한 법정 요건으로서의 주무관청의 허가(許可)를 갖추기 위하여 공동신청을 구하는 경우도 있다(⑤, ⑥의 경우).

부동산매매계약에서 등기 이전을 구하는 판결이 이 중 어느 유형에 속하는 것일까? 이는 우문(愚問)이 될 수도 있다. 왜냐하면 실무상으로 보자면 민법 제389조 제2항이 적용되는 사례 중에서 위에서 열거한 모든 사례보다 월등하게 많은 것이 바로 부동산매매로 인한 등기 이전 유형이기 때문이다. 어쨌든 성격을 보다 명확히 하기 위하여 어느 유형에 가까운 것인지를 생각해 본다면, 권리 이전을 위한 본질적인 공시방법으로의 등기 이전의 공동신청을 구하는 것이니 ①과 유사한 측면이 있다고 생각된다.

그러나 채권양도 청구 재판과 다른 점은 채권양도 재판에서 청구하는 것은 상대방의 채무자에 대한 통지(通知)인 반면, 부동산매매를 원인으로 한 이전등기 재판의 경우 상대방의 국가(등기공무원)에 대한 신청(申請)을 구하는 성격이 강하다는 점이다. 전자는 적어도 넓은 의미의 법률행위의 범주에 포함시킬 수 있지만, 후자는 국가기관인 등기공무원에 대한 성격이 강한 것이어서 본래적인 의미의 법률행위에 포함시키기에는 어색한 측면이 있다. 물론 이 점에 관하여 상대방에 청구하는 것이 등기청구권이고, 국가기관에 구하는 것이 등기신청권인데, 상대방에게 소로써 구하는 것은 성질상 등기청구권이라고 보아야 하므로 신청을 구하는 것이라고 볼 수 없다는 지적이 있을 수 있을 것이다. 그러나 상대방에게 소를 통해 등기청구권을 행사한다 하여도 결국 강제이행된 매도인의 의사표시는 누구에 대한 것인가를 생각해 볼 필요가 있다. 판결에 의하여 대용(代用)된 매도인의 의사표시는 매수인을 향한 것일까 또는 등기공무원을 향한 것일까?

민법 제389조 제2항이 적용되고 있는 다른 유형들을 비교해 보면, 후자에 가까운 것이 아닌가 하는 생각이 든다. 우리 법원은 민법 제389조 제2항에서의 '법률행위'의 뜻을 계약이나 합의에 한하지 않고, 준법률행위(準法律行爲) 등을 포함한 매우 넓은 의미로 의사작용의 표시 및 통지 나아가 관련된 공법 사법적 행위(公法私法的行爲)를 모두 포함하여 해석하고 있는 것으로 이해해도 되지 않을까 생각된다.

매매를 원인으로 한 소유권이전등기사건에 관해 민법 제389

조 제2항을 적용하는 것을 두고 다른 유형의 사건들과의 균형상 부적절하다고 단정할 근거는 없다고 생각된다. 다만, 이 경우 채무의 목적인 법률행위(法律行爲)가 무엇을 의미하는가는 다시 생각해 보아야 한다. 판결에 의하여 대용된 매도인의 의사표시가 매수인을 향한 것이 아니라 등기공무원을 향한 것이라면, 이는 민법 제389조 제2항에서 말하는 법률행위가 물권행위(物權行爲)를 지칭하는 것이라고 단정하기는 어려울 것이다. 사견으로는 오히려 등기신청행위(登記申請行爲) 내지 등기신청(登記申請)의 의사표시(意思表示)에 가깝다고 보는 것이 민법 제389조 제2항이 적용되는 다른 사례들과의 균형이 맞는다고 생각된다.

느린 동작 화면 B-1—동산에 대한 인도의 강제이행 분석

민법 제389조 제2항에서 말하는 채무의 목적인 법률행위가 물권행위를 지칭한다고 해석하기 어려운 또 하나의 이유는 동산(動産) 매매의 경우와의 비교이다. 물권변동의 또 하나의 중요한 영역을 차지하고 있는 동산매매의 과정을 느린 동작 화면으로 살펴보자.

만일 모든 물권의 변동에 채권행위 이외에 물권행위가 이루어지고 공시가 이루어져야 한다면, 이는 동산물권변동의 경우에도 그대로 적용되어야 할 것이다. 단지 공시방법이 등기가 아닌 인도라는 점만 다를 것이다.

동산에 대한 매매계약을 체결한 후 동산 소유권을 이전해 주지 않으면, 마찬가지로 위에서 살핀 바와 같이 해결되어야 할 것이다. 동산의 소유권 이전을 위해 인도와는 별도로 "소유권을 이전한다는 합의"가 필요할 것이고, 그 의사표시를 해 주지 아니하는 것이니 재판에 의하여 갈음할 수 있을 것이다. "인도절차를 이행하라"는 판결에 의하여 매도인의 의사가 갈음되고, 매수인의 단독 의사만으로도 물권행위는 완성될 수 있을 것이다. 물론 그 판결을 받은 단계에서는 물권행위만이 이루어진 것일 뿐 물권변동이 이루어진 것은 아니며, 그 다음에 공시방법으로서의 인도가 필요할 것이다. 그런데 그 다음으로 실제의 인도, 즉 점유의 이전은 어떻게 할 것인가? 물론 확정판결을 가지고 집행관에 의뢰하여 인도집행을 한다고 설명할 수 있을 것이다.

그런데 우리 실무는 동산의 경우에 관하여는 이와 전혀 다른 구성을 하고 있다. 매매한 동산을 인도하지 아니하고 있을 경우에 강제이행의 방법은 민법 제389조 제2항에 의한 의사의 진술을 명하는 판결 내지 대용판결이 아니다. 실무상으로는 민법 제389조 제1항에서 "債務者가 任意로 債務를 履行하지 아니한 때에는 債權者는 그 强制履行을 法院에 請求할 수 있다"고 정하고 있는 이른바 직접강제(直接强制)의 방식에 의하는 것으로 해석되고 있다. 다른 강제이행방법과 비교할 때 직접강제의 특징을 들라면 '상대방의 協力 없이 실현할 수 있는 경우'에 적용된다고 설명하는 것이 상식이다. 직접강제를 원칙적인 방법으로 채택하고 있다는 것은 우리 실무상으로는 동산에 대한 인도의 강제이행과정에 매도인의 의사표시는 고사하고 협력조차 불필요하다고 인식하고 있다는 점을 의미하는 셈이다.

매수인이 법원에 청구하는 것도 부동산의 경우처럼 "인도절차를 이행하라"고 구하는 것이 아니다. "인도하라"는 판결을 구한다. 법원으로부터 "인도하라"는 판결을 받은 다음 단계는 강제집행 단계인데, 동산인도청구의 집행에 관하여 민사집행법 제257조는 "채무자가 특정한 동산이나 대체물의 일정한 수량을 인도하여야 할 때에는 집행관은 이를 채무자로부터 빼앗아 채권자에게 인도하여야 한다"고 규정하고 있다. 채무자로부터 '빼앗아' 채권자에게 인도하여야 한다는 표현은 참으로 강하게 느껴진다. 이러한 표현이 사용되고 있는 동산에 대한 인도의 강제이행 과정에 매도인과 매수인 간에 '물권을 이전한다는 합의'는 고사하고 그 비슷한 것도 존재하고 있을 것 같지 않다. 동산매매에서의 강제이행과정에서는 매도인의 의사작용(意思作用)이란 아예 처음부터 배제되어 있는 것이다.

느린 동작 화면 B-2
—동산과 부동산은 물권행위의 법리가 다른가?

이에 대하여, 두 가지 재반론이 가능할지 모른다.

첫째, 동산의 매매에 관한 강제집행과정에는 아쉽게도 매도인의 의사작용이 반영되어 있지 않으나, 적어도 부동산의 매매에 관한 강제집행과정상에는 명백히 매도인의 의사작용을 인정하고 이를 판결에 의하여 대용하고 있으니, 그것만으로도 물권행위의 독자성을 설명하는 데 큰 의의가 있는 것이 아닌가 하는 주장이 있을 수 있겠다. 더구나 물권행위의 독자성과 무인성이 실제로 문제되고 있는 경우는 부동산이 대부분일 것이고, 재산 중에 부동산의 가치가 월등히 크다는 점을 생각한다면, 동산은 다소간 예외로 둘 수도 있지 않은가 하고 생각할 수도 있을 것이다.

그러나 물권행위가 존재한다면, 동산이든 부동산이든 공통으로 적용되어야 하는 것이다. 만일 물권행위가 부동산에만 적용된다면 이는 물권변동의 일반문제라고 인정하기 어렵다. 그렇게 주장한다면 오히려 물권행위는 부동산 물권변동의 특수문제라고 보는 것이 일관성이 있을 것이다. 나아가 그렇게 볼 경우 결국 물권행위란 동산물권변동에서는 찾을 수 없는 부동산물권변동 고유의 제도에서 그 실체를 찾아야 한다는 결론에 이를 것이고, 이는 결국 물권행위란 등기와 관련된 것이라는 방향의 결론에 이르게 되지 않을까 추측된다.

참고로 우리 강제집행법상으로는 부동산의 인도(引渡)에 대한 강제에 관하여는 제258조에서 별도의 조항을 두고 있는데, "채무자가 부동산이나 선박을 인도하여야 할 때에는 집행관은 채무자로부터 점유를 빼앗아 채권자에게 인도하여야 한다"고 정하고 있어 동산의 경우와 특별히 다르지 않다. 등기가 아닌 인도가 문제되는 한 부동산이든 동산이든 '빼앗아' 인도해 주는 점은 마찬가지이다. 그런데 기억할 점은 고전기 로마법상으로는 부동산 물권변동의 공시제도는 등기가 아니었다는 점이다. 만일 우리 민법이 로마법에서처럼 등기 대신 동산과 동일하게 인도를 공시방법으로 하고 있다고 가정해 보면 이 문제는 어떻게 달라질까? 물권행위의 개념은 고전기 로마법에 뿌리를 두고 있다기보다는 등기제도와 관련된 것일 수 있다는 추측을 하게 한다.

둘째, 동산의 매매에 관한 강제이행방법을 부동산의 경우와 달리 적용하고 있는 우리 실무상의 해석이 잘못되었다고 주장할 수도 있겠다.

부동산의 경우와 같이 의사의 진술을 명하는 판결을 받은 후, 현실의 인도집행 과정에만 직접강제를 활용하면 되는 것이 아닌가 하는 생각을 해 볼 수 있다. 이는 앞서 가설로 설명한 바와 같이 "인도하라"는 판결 대신 "인도절차를 이행하라"는 판결을 명하고, 이 판결로써 매도인의 인도의사가 대용되며, 판결확정으로 물권행위는 완성되었고, 다만 인도가 필요한 것인데 인도만은 직접강제에 의한다고 설명하는 방안이다. 이렇게 운용한다면 비록 직접강제과정 중에 매도인의 의사작용이 이루어지지는 않지만 재판과정에서 판결에 의하여 매도인의 의사가 대용되었으니, 전체적으로 보아 매도인의 의사작용이 배제된 것은 아니지 않은가 하는 주장을 할 수 있을 것이다. 만일 이와 같은 견해를 받아들여 우리 법원이 인도판결의 성격을 달리한다면, 우리 법조계에서 물권행위의 개념은 부동산 동산 모두에서 통일적으로 독자성을 상당히 인정받는 결과가 될 것이다.

그러나 사견으로는 법원에서 그와 같이 동산 인도에 관한 강제이행의 법리와 실무관행을 변경할 것으로 생각하지 않는다. 그와 같은 견해를 채택하여 변경하여야 할 필요성이 없기 때문이다. 물권행위의 독자성을 강하게 주장하는 학자들로서는 그 필요성을 느낄지 모르나, 거래계나 재판 실무상으로는 아무런 필요성이 없다.

설사 부동산의 경우와 비교하여 논리의 통일이라는 이유만으로 그와 같이 변경하는 것으로 법원이 결정한다고 가정하자. 그렇더라도 이는 결과적으로 매우 우스꽝스러운 모습이 될 수밖에 없다고 생각한다. 사견으로 이는 사비니를 비롯한 물권행위의 제창자들의 정신에도 반하는 것이라고 느껴지기 때문이다. 이는 법률행위 개념을 만든 독일법학의 정신으로서 인간(人間)의 자유의사(自由意思)를 중시한 정신에도 반한다는 말이다.

느린 동작 화면 B-3
—법률행위 개념 설정의 위대성—인간의 자유의사

물권행위(物權行爲)는 법률행위(法律行爲)라는 말이 없었더라면 탄생하지 아니하였을지도 모른다.

법률행위라는 용어는 그 용어가 내포하고 있는 의미와 용어가 일치하지 아니하여 항상 비판의 대상이 되고 있다. 민법을 처음 접하는 법학도들로서도 늘 쉽지 않은 문제이다. "法律行爲의 定義를 20자 이내로 쓰라"는 문제가 각종 면접시험이나 학교 시험에 흔히 사용된다는 점만 보아도 이 용어가 얼마나 법학도들에게 어려움을 주는가 하는 점을 알 수 있다. 대안으로 제기되는 용어인 예컨대 '권리창설행위', '권리설정행위' 등은 그 실체를 훨씬 더 잘 표현한다고 생각한다. 그러나 이들도 여전히 어려운 용어이다. 왜 그냥 '계약'이라는 용어를 그대로 사용하지 않을까?

필자는 강의시간에 학생들에게 법률행위에 관하여 설명을 한 후, 항상 마지막으로 "법률행위라는 용어가 혼란스러우면 그 대신 그냥 계약이라고 생각하라"는 조언을 덧붙인다. 법률행위의 대부분이 계약이고, 법률행위 분야에서 논하는 대부분의 논제들이 대부분 계약에 관한 것들이기 때문이다. 나아가 단독행위나 합동행위의 예를 들어서 법률행위의 취소와 무효, 대리와 무권대리 문제를 설명하려 시도해 보면, 이는 매우 어렵고 어색하다는 것을 알 수 있다. 그리고 사실 이 모든 주제들이 계약을 주로 염두에 둔 것이고, 단독행위나 합동행위에서는 오히려 상당 부분 법률상 이미 수정되었거나 해석에 의하여 수

정되어야 하는 것이라는 점을 알 수 있다.

법률행위라는 개념하에 계약과 단독행위, 합동행위를 묶은 것은, 좀 심하게 비유하자면 마치 중국과 몽고, 티베트를 묶어 '동부(東部) 및 북부(北部) 아시아 비반도 대륙국가(非半島 大陸國家) 또는 자치구(自治區)'라는 용어와 개념을 새로 만드는 것과 같이 부자연스러울 수 있다. 특별한 목적이 없다면, 그냥 중국을 먼저 설명하고 몽고와 티베트를 추가로 각각 조금씩 설명하는 것이 '동부(東部) 및 북부(北部) 아시아 비반도 대륙국가(非半島大陸國家) 또는 자치구(自治區)' 개념을 이해하고 이에 대해 속하는 국가들에 공통적으로 적용되는 현상과 문제들을 설명하는 것보다 쉽지 않을까? 아니면 그냥 '중국, 몽고, 티베트'라고 열거(列擧)하는 방식이 일반인에게는 훨씬 이해하기가 쉽다. 물론 이와 같은 용어를 만들어 중국과 몽고, 티베트를 반드시 하나의 개념으로 묶어 설명하는 구체적 목적(目的)과 실익(實益)이 있을 때에는 이와 같은 용어를 만들어 써야 할 것이다. 마치 제국주의 일본이 아시아 침략의 목적으로 대동아공영권(大東亞共榮圈)이라는 용어를 만들어 쓴 것처럼….

그렇다면 법률행위라는 개념으로 계약과 단독행위, 합동행위를 묶은 이유는 무엇일까? 이 주제는 너무나도 큰 법사학적 문제여서 필자가 간단히 말할 문제는 아닐 것이다. 다만 필자가 느낀바 법률행위라는 개념 설정이 가지는 위대성의 측면은 인간(人間)의 자유의사(自由意思)의 중시에 있다. 법률관계의 변동을 일으키는 요건은 여러 가지가 있을 수 있으나, 그중 가장 중요한 부분을 차지하고 있는 것은 의사표시(意思表示)를 요소로 하고 있는 것들이라는 것이다. 권리관계변동의 가장 중요한 근본적인 힘은 물리력도, 신분도, 관습이나 법률, 지배자의 명령도 아니요, 인간의 의사라는 것은 참으로 위대한 지적이라고 생각한다. 이는 그냥 "법률관계의 변동을 일으키는 원인 중에서 계약이 대표적인 것이고 가장 중요하며, 유사한 것으로 단독행위와 합동행위가 있다"라고 말한 것과 객관적 내용은 같을지 모른다. 그러나 그 느낌이나 그 뒤를 버티고 서 있는 정신은 전혀 다르다는 말이다. 법률행위의 개념 설정에 나타난 인간의 자유의사 존중의 정신은 영국의 법사학자 메인 경(Sir Henry Maine)의 그 유명한 말 '신분(身分)에서 계약(契約)으로'(from status to contract)와 맥을 같이 한다.[11] 그 뒤에 숨겨져 있을지 모르

11 메인(Maine) 경이 이 말을 사용한 저서 《고대법》(*Ancient Law*, 1861)은 독일 법학 특히 역사학파의 영향을 받은 것으로 알려져 있다. 그런데 바로 역사학파의 비조 사비니가 그의 저서 《현대로마법체계》(1840-1849)에서 물권행

는 보수성(保守性)과 게르만 민족지상주의 기조(民族至上主義基調)를 떠나 그 주장 자체만으로는 젊은 법학도의 피를 끓게 하는 개념이다.

사견으로는 법률행위의 개념 자체가 현실적인 유용성이 있다고는 생각하지 않는다. 앞서 지적한 바와 같이 현실에 적용함에 있어서는 계약 중심으로 설명하는 것보다 오히려 더 불편한 점이 많다. 그럼에도 불구하고 법률행위의 개념이 중요한 것은 그와 같은 개념으로 계약과 단독행위, 합동행위 등을 하나의 범주로 묶은 개념 설정행위(設定行爲) 자체에 의미가 있는 것이다. 그리고 그 의미는 인간의 자유의사가 법률관계변동의 근원이라는 정신이며, 이는 매우 위대한 것이다.

이 용어가 현대사회에서도 유용성을 가질 것인지에 대해서는 회의적인 것은 마치 대동아공영권이라는 용어가 과거에 일본 식민주의자들에게 유용한 용어였지만 지금은 사용되지 않는 것과 마찬가지이다. 과거 인간의 의사의 중요성을 인식하지 못하던 시절에 법률행위라는 용어를 설정하여 사용한 것은 위

위의 개념을 제시했다는 것은 흥미로운 사실이다. 만일 메인 경이 "신분에서 계약으로" 대신 차라리 "신분에서 법률행위로"라고 하였으면 어떠하였을까? 잠깐 생각해 볼 만한 문제이다.

대한 것이지만, 현대사회에서 권리를 처분하는 데 있어서 권리자의 의사가 본질적이고 중요하다는 것은 삼척동자도 다 아는 사실이다. 이러한 시대에 법률행위의 개념이 실용성을 가지기는 어렵다. 하나 더 비유를 들어 보자. 미국과 터키, 에티오피아를 묶어 칭할 수 있는 용어는 무엇일까? 필자가 의도한 정답은 한국전쟁에 지상군을 파견하였다는 공통점을 가진 혈맹(血盟)이다. 이 용어가 과거 가졌던 역사적 중요성은 지대하다. 그러나 혈맹이라는 용어를 현재의 외교상황에서 사용하는 것은 유용성은 차치하고 오히려 혼란을 일으킬 수 있다. 우리는 혈맹이라는 그 용어가 담고 있었던 우리의 아픈 동족상잔의 역사와 참전국들에 대한 감사를 가슴에 담으면 되는 것이지, 그 용어를 지금 현실의 외교나 사회생활에 계속 사용할 필요는 없다. 사회가 바뀌면 법도 법이론도 바뀌어야 하는 것이다. 법률행위도 그 위대한 정신만을 가슴에 담고, 실제 오늘날의 세부 민법이론을 설명할 때에는 계약 중심으로 생각해야 하는 단계에 온 것은 아닐까? 위대한 것은 법률행위 개념 자체가 아니고 그 시절에 그와 같은 개념을 설정(設定)한 행위이기 때문이다.

많이 벗어났지만 주제로 돌아와 보자. 물권행위의 개념을 부동산과 동산 양자 모두에 분명히 하기 위한 목적으로, 동산의 경우에도 인도를 명하는 대신 "인도절차를 이행하라"라는 판결을 명하도록 하고, 그 판결로써 매도인의 인도 의사를 대용하는 것으로 한 다음, 현실인도를 위한 직접강제를 한다는 제안을 다시 생각해 보자. 이와 같이 하면 매도인의 의사작용이 배제되지 않은 것으로 평가될 수 있다고 생각할 것이다.

그러나 여기에는 이미 인간의 자유로운 의사는 없다. 이는 판결에 의하여 의제(擬制)되고 대용(代用)된 의사(意思)이다. 자유가 없는 죽은 의사이다. 박제(剝製)된 의사(意思)이다. 이는 법률행위라는 개념을 설정할 때의 정신과는 너무나도 멀어져 있다. 모든 거래에는 인간의 의사작용으로서 물권행위가 필요하니 판결을 통해서라도 인간의 의사를 강제 내지 의제해야 한다는 기계적인 획일화에 불과하다. 당사자가 자진해서 이행할 의사가 없어 법원이 이를 강제해야 되는 상황이라면, 법원은 그 이행을 명령하면 되는 것이지, "자진해서 이행하겠다"는 의사를 법원판결에 의해 대용(代用)할 필요가 있을까? 이는 오히려 인간의 자유정신에 대한 모독이다. 매도인이 명시적인 의사로 인도를 거부하는 사안에서 심리 결과 매수인 측의 청구가 정당하다고 인정되는 경우를 생각해 보자. 이에 대해 ① 매도인이 법원의 명(命)에 의해 물건을 강제로 "빼앗겨"(민사집행법

제257조) 인도당하도록 하는 제도와 ② 법원에 의해 매도인이 물건을 자진해서 인도하는 것으로 의사표시를 강제당하고 판결에 의해 자신의 의사가 대용되어 마치 원만하게(물권적 합의를 이루어) 물건의 소유권이 이전되는 것으로 간주되는 방식으로 운용하는 제도가 있다고 가정하고 비교해 보자. 어느 쪽이 사비니의 위대성인 인간(人間)의 자유의사 존중(自由意思尊重)의 정신(精神)에 좀 더 부합하는 것일까?

느린 동작 화면 종합 분석
—소유권이전행위는 법률행위인가?

매매계약의 목적은 물건에 관한 권리의 이전이다. 물건에 대한 매매계약상 채무자의 채무는 '소유권을 이전해 주는 행위'이지, '소유권을 이전해 주겠다는 의사표시를 하는 행위'는 아니다. 매매계약 이후에는 권리를 넘겨주고 넘겨받는 일만 남게 되는 것이다.

그런데 권리를 넘겨주고 넘겨받는 데에도 인간의 의사작용이 핵심적 요소로서 개입하는가? 인간의 의사를 극도로 강조하고자 하였던 과거 대가들은 그렇다고 생각하기도 하였던 것 같다. 실제로 등기를 넘겨주고 넘겨받는 과정을 보면 무언가 의사작용 비슷한 것이 있는 것으로 생각되기도 한다. 한편 동산을 인도하는 과정을 생각해 보면 그런 것 같은 점도 있지만 등기의 경우보다는 상대적으로 좀 더 회의적으로 느껴진다. 물론 이는 결국은 변제가 법률행위 내지 준법률행위인가 또는 사실행위인가 하는 문제로 이어지게 된다.

우리 민법 규정으로는 이를 명쾌하게 설명해 낼 수 없다. 민법 제464조의 양도능력 없는 변제자의 변제에 관한 규정에서 변제에 대해 취소(取消)라는 용어가 사용되고 있기는 하나, "辨濟가 取消된 때에도 다시 有效한 辨濟를 하지 아니하면 그 物件의 返還을 請求하지 못한다"고 하고 있는 것이어서 오히려 취소의 효과를 간접적인 방법으로 사실상 부정하는 측면에서 사용되고 있는 것이다. 변제도 인간이 행하는 것인 만큼 인간의 의사작용과 전혀 무관한 것은 아닐 것이다. 그러나 변제라는 제도 자체는 본질적으로 '채무를 소멸시키는 가장 대표적인 사유'라는 점에 착안하여야 한다. 변제로 인하여 채무가 소멸한 이유는 '그와 같은 변제사실이 있었기 때문'이지, '변제하겠다는 의사가 있었기 때문'은 아니라고 생각된다. 물론 변제사실과 의사가 모두 갖추어졌으면 가장 좋기는 하지만, 둘 중 어느 것이 더 본질적인 것이냐고 하면 사견으로는 변제사실 쪽일 것이라는 생각이다. 이는 어렵고 복잡한 각종 이론을 끌어들일 필요 없이 돈을 빌려주고 오랫동안 변제받지 못하는 채권자에게 물어 보면 쉽게 알 수 있다. '돈을 실제로 받는 것과, 상대방이 돈을 갚겠다는 의사를 표시하는 것 중에 어느 것이 더 본질적이고 중요하다고 생각하느냐'고….

이는 물권행위의 경우도 마찬가지이다. 매매계약을 한 후에 소유권을 실제로 넘겨받은 것과 소유권을 넘긴다는 의사표시를 받는 것 중 어느 것이 더 중요한가 하는 질문을 해 볼 수 있을 것이다. 매도인에게든, 매수인에게든, 중개업자나 일반시민에게든, 누구에게 묻든지 답변은 비슷하지 않을까? (다만 우리나라의 민법학자들에게 물으면 결과는 장담할 수 없을지도 모른다!)

변제를 법률행위로 보게 될 경우, 변제 단계에 대해 법률행위의 하자문제를 비롯한 일체의 법률행위이론이 다시 한 번 더 적용되게 되는 번거로움을 해결하여야 한다. 이는 간단한 문제가 아니며, 많은 사람을 피곤하게 한다. 필자가 세부적으로 분석해 본 바는 아니나, 변제의 법률행위적 성격을 강조하는 견해는 물권행위의 독자성과 무인성을 인정하는 학설과 일맥상통하는 경향성이 있을 것으로 추측된다. 양자 모두 사실행위(事實行爲)로서의 성격이 강한 이행(履行)의 단계(段階)를 근본적으로 의사주의(意思主義)의 시각으로 보고 있는 성향이라고 생각되기 때문이다. 인간의 의사가 중요한 것이기는 하지만, 다른 요소들과의 균형도 그 못지않게 중요한 것이다.

사견으로는 물권행위라는 것을 실체로서 인정하여야 한다면 이는 결국 물권변동을 위한 계약의 이행과정에 포함되어 있는 일종의 의사작용을 지칭하는 것이 아닐까 하는 생각이다. 그 과정에 인간의 의사작용이 개입되기도 하고, 그와 같은 의사작용을 거부할 경우 다양한 방법의 강제이행 수단을 사용하기도 한다. 그러나 본질적인 것은 실제로 등기나 인도가 이루어지느냐 아니냐가 중요한 것이지 그 과정 안에 포함되어 있는 의사작용은 이행과정의 효과를 좌우할 만한 본질적인 것이 될 수는 없다는 말이다.

에필로그

고등학교 야구부에서 학생에게 타격을 가르치고 있다. A구질의 공을 칠 때에는 a, b, c 세 동작이 부드럽게 연결되어야 한다. a동작을 하고 멈춘 경우에는 스윙으로 인정되지 않는다. 그러나 일단 b동작으로 넘어간 이상 스윙으로 간주되므로 마무리 c동작을 하여 제대로 타격을 하여야 한다. 오히려 최근의 경향은 가장 이상적으로는 b동작과 c동작을 단절하지 말고 한 동작으로 이어서 하는 것이라고 한다. 고등학교 야구부 감독은 느린 동작 화면을 반복해 보여 주면서 a, b, c 동작을 하나씩 가르쳐 준다. 기초를 튼튼히 하기 위해서다. 특히 b동작을 정확히 가르치는 것이 감독으로서는 가장 어렵다. b동작은 비록 짧은 순간에 일어나는 것이어서 타자들이 스스로 인식하기조차 어려우나, 다음의 c동작에 영향을 줄 뿐 아니라 타격 전체에도 영향을 주는 중요한 동작이어서 여러 번 반복해서 연습시킨다. 문제는 느린 동작 화면을 보아도 어느 것이 b동작인지 구분하기가 쉽지 않다는 점이다. 야구부 학생들이 가장 지겨워하는 것도 b동작 연습이다. 이 때문에 야구에 흥미를 잃는 경우도 많다. 이런 학생들에게 감독은 나중에 프로 선수가 되면 안 해도 되는 것이라면서, 지금은 배우는 자세로 열심히 하라고 훈계한다.

그런데 학생들이 졸업한 후에 프로 야구 구단에 입단을 하면, 프로 구단의 타격 코치가 신입 선수들에게 제일 먼저 가르치는 것은 b, c동작을 끊지 말고 하나의 동작으로 하라는 것이다. 팀에서는 a동작에서 멈추거나 b, c동작을 하였음에도 헛스윙한 경우는 있을 수 있는 일이라고 인정하지만, b동작에서 멈춘 경우는 프로 선수로서는 있을 수 없는 타격자세라고 평가한다.

그러나 쉽게 고쳐지지 않는다. 프로 구단 타격코치들이 신입 선수들의 훈련과정상 가장 큰 애로를 겪는 것은 특히 B구질의 투구에 대한 타격 자세를 교정할 때이다. 이때는 A구질의 경우와는 전혀 다르다. 경험상 아예 b동작을 생략하고 a, c 두 동작으로 간결하게 하지 않으면 안 된다. 그런데 문제는 B구질을 공략할 때조차도 신입 선수들은 대부분 a, b, c 세 단계의 타격 동작을 취하는 일이 많다는 점이고, 특히 이 문제점은 잘 고쳐지지 않는다는 데에 있다. 오히려 선수들은 학교에서 배운 것과 다르다며 왜 b동작을 아예 생략하라고 강요하느냐고 질문한다. 타격코치들은 머리가 아파진다.

아마추어와 프로 구단이 함께 모여 b동작의 필요성과 유용성, 의미에 관하여 많은 논의를 하지만 잘 해결되지 않는 난제이다. 무엇보다도 누구나 야구선수라면 b동작의 중요성을 학생 때부터 무수히 듣고 익혀 왔기 때문에 b동작이 불필요하다는 극단적인 제안을 하기가 쉽지 않고, 그러한 제안을 할 구체적 동기를 가지는 경우도 없기 때문이다. 그렇다고 b동작이 가지는 특별한 중요성이나 의미가 새로 발견되는 것도 아니고….

그런데 사실은 이미 오래 전에 국가대표 야구팀이 해외 전지훈련을 하는 과정에서 중요한 점을 알게 되었다. 놀랍게도 세계에서 한두 나라를 제외하고 대부분의 나라에서는 a, c 두 동작으로 타격 교육을 한다는 점이다. 이는 B구질뿐 아니라 A구질도 마찬가지이며, 최근 개선되어 바뀐 것이 아니라 옛날부터 그랬다는 것이다. 특히 미국의 유명 타격코치들조차 b동작에 관하여는 대부분 그런 것이 있는지를 알지도 못하고 있었다.

이와 같은 사실을 알게 된 우리 야구계가 크게 흔들렸던 것은 사실이다. 타격은 a, c 두 동작으로 하는 것으로 학교 야구부터 다시 가르쳐야 한다는 감독들이 있었다. 그러나 더 많은 감독들은 각국의 타격방식에 관한 비교 연구를 통하여 a, b, c 세 동작으로 하는 타격교육의 상대적 우수성을 찾는 데 노력하였다. 다만 이제는 세 동작으로 하여야 한다는 의견은 없어졌고, 대부분 a와 (b+c)의 두 동작, 또는 (a+b)와 c의 두 동작으로 한다는 내용이었다. 감독들은 이제는 a동작 또는 c동작에 포함되어 있어 더 찾기 어려워진 b동작을 가르쳐 주기 위해 지금도 매번 느린 동작 화면을 반복해서 학생들에게 보여 준다.

이제는 물권행위와 작별을 하자

명순구
고려대학교 법과대학 교수

■ 본 논문은 修巖奬學文化財團의 지원으로 이루어졌음.

I. 서설

이 글의 종국적 취지는 우리 민법상 '물권행위'라는 개념을 인정할 필요가 없다는 것이다. 종래 통설은 물권행위를 물권변동의 요건으로 파악하고 있다. 그리고 물권행위는 종래 다음과 같이 정의되어 왔다 : 물권행위란 처분행위의 일종으로서 물권변동 그 자체를 목적으로 하는 법률행위이며 채권행위와 달리 이행의 문제를 남기지 않는다.[1]

물권행위의 개념은 《현대로마법체계》 제3권(1840년)을 통하여 사비니가 정립한 것이다. 학문적 주장에 있어서 그 정당성의 근거를 역사적 사실에서 구하려는 경향은 흔히 발견되는 일이다. 법학에 있어서도 예외가 아니다. 사비니도 로마의 법

1 예컨대, 郭潤直, 《物權法》(博英社, 2002), 31쪽. 이 글에서 앞으로 '물권행위'는 이와 같은 의미로 사용할 것이다.

원(法源)에 의거하여 물권행위의 관념을 정립하였다. 그러나 역사 자체가 학문적 정당성을 담보하는 것은 아니다. 게다가 역사적 사실이라는 것도 현재의 인식주체가 그의 입맛에 맞추어 바라본 결과물일 수도 있는데, 이와 같은 때에는 그 정확성에 중대한 의심을 품을 수밖에 없다. 사비니가 주장하는 바와 같이 물권행위의 개념이 로마의 법원(法源)과 연결될 수 있는 것일까? 만약 그러하다면 로마법계에 속하는 그 수많은 나라 중에서 유독 독일에서만 물권행위 개념이 꽃을 피운 이유는 무엇일까? 자기 확신에 가득 찬 한 민법학의 거장(巨匠)이 나름대로의 선입견을 가지고 계획적으로 로마의 법원(法源)에서 억지로[2] 끌어낸 결과물이 혹시 '물권행위'가 아닐까? 그리고 그 이후 그 거장의 치밀한 노고에 감복한 나머지 특별한 비판의식 없이 그것을 승인함으로써 지금까지 그냥 그렇게 그대로 흘러온 것은 아닐까?

일본민법전은 프랑스, 독일, 영미법 등을 복합적으로 계수한 결과물이었음에도 불구하고 그것을 해석·운용하는 과정

---

2 사비니의 물권행위에 관한 주장은 로마의 법원(法源)과는 무관하다는 주장이 독일에서도 드물지 않다. 이에 대해서는 李好珽, 〈프란츠·바이얼레의 物權契約論(上)〉, 《法曹》, 제18권 제1호(法曹協會, 1969), 43-44쪽 참조.

에서는 독일법학의 영향이 압도적이었다.[3] 일본에서의 물권행위에 관한 논의도 같은 맥락에서 이해할 수 있다. 그런데 이와 같은 경향을 감안하더라도 일본에서 물권행위에 관한 논의가 그렇게 번성하였다는 것은 약간 의아한 일이다. 왜냐하면 물권행위에 관한 논의는 물권변동체계와 밀접하게 연관되는 것인데, 일본민법은 이에 관하여 프랑스식의 '의사주의'를 채택함으로써 독일민법과는 전혀 판이한 물권변동체계를 가지고 있기 때문이다. 채권행위와 물권행위를 구별하는 분리의 원칙(Trennungsprinzip)으로부터 출발하고 있는 독일민법학의 그 치밀함에 감복한 나머지 그 실익에 대한 효용분석도 생략한 채 그 논의에 빨려 들어간 것은 아닐까?

우리나라의 민법학은 일본을 통하여 독일법학의 창조물인 물권행위 개념을 수입하였다. 우리 민법학이 물권행위의 관념을 별다른 거부감 없이 수용한 것은 그 당시 상황으로 보면 자연스런 일 같다. 특히 의사주의를 취하고 있는 일본민법학에서도 수용한 것이 물권행위의 개념인데, 독일과 같이 형식주의를

3 이와 같은 평가에 대하여 구체적인 것은 梁彰洙, 〈民法案의 成立過程에 관한 小考〉, 《民法硏究》, 第1卷(博英社, 1991), 92-93쪽, 주 82와 83에 인용된 일본의 문헌을 참조할 것.

채택한 우리 민법학에서 그 개념에 특별한 거부감을 가질 일은 아니었을 것이다. 그러나 대한민국 민법 시행 50주년을 불과 몇 년 앞둔 이 시점에서 다음과 같은 점을 심각하게 자문하고 싶다: "물권행위 개념이 과연 우리의 법운용에 있어서 그 복잡성에 걸맞은 정도의 효용을 가져다주었다고 할 수 있는가?"[4] 물권행위 개념을 사용하여야만 물권변동을 설명할 수 있다면 그 개념의 경제적 효율성과 상관없이 그리할 수밖에 없을 것이다. 그러나 사정이 그러하지 않다면 물권행위 개념과 같은 고비용의 개념틀[5]을 폐기하는 문제를 과감하게 검토할 필요가 있다고 생각한다.

이와 같은 문제인식을 토대로 다음에서는 물권행위와 관련된 종래의 학설을 논점별로 비판적 시각에서 검토하고자 한다. 물권행위에 관해서 그간 논점별로 첨예한 학설대립이 있었다. 여기에서는 이미 제시된 견해들에 대한 언급은 최소화하면서 논의를 전개하고자 한다. 왜냐하면 종래의 지배적 학설은 세부

---

4 법과대학 2학년 정도의 학생에게 물권행위의 독자성 · 무인성을 강의하면서 느끼는 교수들의 힘겨움, 그것을 들어야 하는 학생들의 인내심, 공부를 했건만 특별한 실체가 다가오지 않을 때 느껴지는 공허함의 기억을 떠올려 보라!

5 법과 경제성의 관계에 대한 개략적인 설명에 대해서는 J. Harrison, 《법경제학》, 명순구 옮김, 민들레시리즈 제3권(세창출판사, 2006), 3-5쪽 참조.

적인 부분에서는 대립을 하지만 물권행위의 개념이 필요하다는 점에 대해서는 입장을 같이하는 데 반해, 이 글의 취지는 보다 근본적인 관점에서 "우리나라에서 물권행위의 개념은 필요하지 않다"[6]는 것을 논증하는 것이기 때문이다. 다음에서 우리는 '물권행위'라는 개념은 극히 추상적이고 복잡할 뿐만 아니라 우리에게 익숙한 여러 법논리 내지는 법체계와 심각한 마찰을 일으킨다는 사실을 확인할 수 있을 것이다.

II. 물권행위의 구성요소

1. 문제의 소재

물권행위는 법률행위의 일종이다. 법률행위는 의사표시로 구성된다는 점에서 다른 법률요건과 대조된다. 법률행위가 유효하게 성립하게 되면 당사자가 의도한 법률효과가 발생하도록 되어 있다. 그런데 현행 민법상 법률행위로 인한 물권변동은

---

6 그간 물권행위의 개념이 필요하지 않다는 취지의 주장으로는 다음과 같은 문헌을 들 수 있다: 李好斑, 앞의 글, 43쪽; 李好斑, 〈不動産의 最終買受人(轉得者)의 最初賣渡人에 대한 登記請求權〉, 《考試界》, 제26권 제7호, 통권 제293호(국가고시학회, 1981. 7), 17쪽 이하; 李英燮, 〈物權行爲의 獨自性〉, 《法曹》, 제9권 제7호(法曹協會, 1960), 25쪽 이하.

당사자의 의사표시만으로는 부족하고 등기·점유와 같은 공시방법을 갖춘 때에 일어난다(민법 제186조, 제188조 제1항 등 참조). 여기에서 다음과 같은 문제가 제기된다: 법률행위의 개념을 순수하게 유지하려고 하다 보면 현행법의 내용을 설명하기가 어렵고, 그 반대로 현행법을 원활하게 설명하려 하다 보면 법률행위의 개념이 일그러지게 된다. 이것은 일종의 딜레마이다. 딜레마는 사람 각자에게 선택을 요구한다. 우리가 접하게 되는 딜레마는 크게 두 가지로 나눌 수 있다. 하나는 자연 질서의 반영으로서 딜레마 자체가 인간에게 경외의 대상인 경우이고, 다른 하나는 사람들의 복잡한 계산에 따라 인위적인 조작이 거듭되고 그러다 보니 오히려 자연 질서에 어긋나게 되어 혼란스러운 경우이다. 성급한 판단인 것 같기는 하나, 앞에서 지적한 딜레마가 최소한 전자의 유형에 속하는 수준으로는 보이지 않는다.

물권행위가 물권적 의사표시만으로 구성되는가, 아니면 물권적 의사표시와 공시방법이 합쳐져 물권행위를 구성하는가? 다음에서는 이 문제에 관한 종래 학설을 살피고 이에 대하여 비판적 시각을 제시하기로 한다.

2. 종래의 학설—판례 상황

물권행위의 구성요소에 관하여 그간 세 가지의 학설이 주장되어 왔다.

제1설은 물권적 의사표시와 공시방법이 합쳐져 물권행위를 구성한다는 견해이다.[7] 이 입장의 장점은 현행법의 물권변동 법리를 무리 없이 설명할 수 있다는 것이다. 왜냐하면 이 학설에 따르면, 법률행위가 있게 되면 법률효과(즉 물권변동)가 발생하며, "채권행위와 달리 물권행위에 있어서는 이행의 문제가 남지 않는다"라는 관념에도 합치하기 때문이다. 반면, 이 학설의 결정적 단점은 등기나 점유와 같은 사실행위를 법률행위인 물권행위의 구성요소로 본다는 점이다.

제2설과 제3설은 물권적 의사표시만으로 물권행위가 구성된다는 입장이다. 두 학설의 차이는 공시방법의 위상을 어떻게 볼 것인가 하는 것이다. 제2설은 물권적 의사표시는 물권행위의 성립요건이고 공시방법은 효력요건이라는 견해이다.[8] 그

7 張庚鶴, 《物權法》(法文社, 1990), 167쪽 ; 高翔龍, 《物權法》(法文社, 2001), 63쪽 ; 李英俊, 《韓國民法論—物權編》(博英社, 2004), 85-86쪽 등.

8 金基善, 《物權法》(法文社, 1990), 62쪽 ; 金容漢, 《物權法論》(博英社, 1993), 75-76쪽 ; 金曾漢 · 金學東, 《物權法》(博英社, 1998), 47쪽 ; 尹喆洪, 《物權法講

리고 제3설은 공시방법은 물권행위의 효력요건이라기보다는 물권변동을 위하여 법률에 의하여 인정되는 별도의 요건이라는 견해이다.[9] 제2설과 제3설은 물권행위에서 의사표시가 아닌 불순물(즉 공시방법)을 제거함으로써 법률행위의 순수성을 지켜 냈다는 점에서 유사하다. 그리고 이 학설은 공시방법을 효력요건이라고 한다든가(제2설의 경우) 또는 별도의 요건이라고 함으로써(제3설의 경우) "물권행위는 있었는데 왜 법률효과(즉 물권변동)가 발생하지 않는가?"라는 비판을 비켜 가고 있다.

이 논점에 대하여 판례는 제1설과 같은 입장으로 보인다. 대법원은 다음과 같이 판시하고 있다[10] : "민법 제249조가 규정하

義》(博英社, 1998), 47쪽 등.

9 郭潤直, 앞의 책, 38쪽 ; 金相容, 《物權法》(法文社, 2004), 96-97쪽 ; 李相泰, 《物權法》(法元社, 1996), 48-49쪽 ; 宋德洙, 《民法講義(上)》(博英社, 2004), 426쪽 등.

10 대법원판결 1991. 3. 22. 90다70 참조. 그 밖에 '물권행위', '물권적 합의' 등의 용어가 포함된 대법원판결로는 다음과 같은 것을 들 수 있다 : 대법원판결 1964. 9. 15. 64다617 ; 대법원판결 1995. 8. 22. 95다15575; 대법원판결 1996. 2. 27. 95다38875 ; 대법원판결 1996. 6. 11. 96도233 ; 대법원판결 1996. 6. 28. 96다14807 ; 대법원판결 1997. 5. 16. 97다48 ; 대법원판결 1999. 9. 7. 99다30534 ; 대법원판결 1997. 11. 28. 95다43594 ; 대법원판결 2001. 10. 9. 2000다51216 ; 대법원판결 2005. 3. 10. 2004다67653 · 67660 ; 대법원판결 2005. 6. 10. 2002다15412 · 15429 등.

는 선의 무과실의 기준시점은 물권행위가 완성되는 때인 것이므로 물권적 합의가 문제로 된 동산의 인도보다 먼저 행하여지면 인도된 때를, 인도가 물권적 합의보다 먼저 행하여지면 물권적 합의가 이루어진 때를 기준으로 해야 하는 것이 〔…〕 다."

3. 비판적 시각

위에서 소개한 세 가지의 학설 사이에서 종래 이루어졌던 서로에 대한 비판점들을 여기에서 반복하지는 않겠다.[11] 여기에서는 보다 근본적이고 새로운 관점에서 비판을 시도해 보고자 한다.

(1) 제1설에 대한 비판

제1설에 의하게 되면 다음과 같이 매우 부자연스런 이론구성을 취할 수밖에 없다 : 이 학설에 따르게 되면 물권행위는 모두 요식행위가 된다 ; 이에 따라 매매 · 증여 등과 같이 물권변동을 목적으로 하는 채권행위는 언제나 요식행위인 물권행위의 단계를 거칠 수밖에 없다 ; 그렇다면 우리 민법이 불요식주의를

11 제1설에 대한 전통적 비판에 대하여 자세한 것은 姜台星, 《物權法》(大明出版社, 2004), 110-111쪽 참조 ; 제2설과 제3설에 대한 전통적 비판에 대하여 자세한 것은 姜台星, 앞의 책, 111-113쪽 참조.

근간으로 한다는 말을 할 수 없을 것이다 ; 이는 불요식주의를 근간으로 하는 우리 민법의 틀에 맞는 것으로 볼 수 없다.

불요식주의라는 것이 하찮은 것이라면 그나마 큰 문제는 아닐 것이다. 그러나 불요식주의(내지 방식자유의 원칙)는 계약자유의 원칙의 일환이다. 물권행위라는 개념으로 인하여 불요식주의가 손상을 입게 된다면 그것은 주객전도(主客顚倒)에 해당한다.

(2) 제2설 · 제3설에 대한 비판

첫째, 제2설과 제3설에는 논리모순이 내포되어 있다. 두 학설도 물권행위의 개념과 관련하여 "채권행위와 달리 물권행위에 있어서는 이행의 문제가 남지 않는다"라고 관념하는 점에서는 제1설과 동일하다. 그런데 제2설과 제3설에 따르면 물권행위에도 불구하고 이행의 문제가 남게 된다. 즉 물권행위가 있은 후에도 공시방법을 갖추어야 하는 문제가 남게 되는데, 이는 두 학설이 전제하고 있는 물권행위의 개념과 모순된다. 이와 같은 비판에 대하여 제2설은 혹시 다음과 같이 방어할지도 모른다 : "성립요건뿐만 아니라 효력요건도 구비된 때에 물권행위가 완성되는 것이므로 물권행위가 완성된 시점 이후에는 이행의 문제가 남지 않는다." 그러나 이러한 방어는 오히려 더 심각한 결과를 만들어 낸다. 왜냐하면 이렇게 되면 제2설에 있어서도 물권행위는 요식행위가 되기 때문이다.

둘째, 물권행위 개념의 필요성의 문제이다. 제2설과 제3설은 공시방법을 구비하는 것과 별도로 물권적 의사표시가 있다고 한다. 그렇다면 그 의사표시는 언제 존재하는 것인가? 물권행위가 행해지는 시점에 관하여 종래 두 가지의 견해가 있다. 하나는 채권행위와 합체되어 행해진다는 것이고, 다른 하나는 등기서류 교부 시(부동산의 경우) 또는 인도 시(동산의 경우)라는 것이다. 물권행위의 구성요소에 관하여 제2설 또는 제3설을 취하면서 물권행위의 시기에 대하여 전자의 입장을 채택하게 되면 채권행위는 물권행위의 성립요건과 동일한 실체를 가진다는 결과가 된다. 여기에서 다음과 같은 의문이 제기될 수 있다 : "채권행위와 물권행위의 실체가 동일하다면 채권행위와 따로 물권행위를 인정하여야 할 실익이 무엇인가?"

셋째, 제2설과 제3설의 제1설에 대한 비판의 타당성의 문제이다. 제2설과 제3설에서는 제1설을 다음과 같이 비판한다 : 물권적 합의와 공시방법을 구비하는 시기 사이에는 시간적 간격이 있는 것이 보통이다 ; 합의 이후 공시 전에 합의에 결함이 있으면 공시를 하기 전이라 하더라도 그 무효 · 취소를 주장할 수 있어야 한다 ; 그런데 만약 물권적 합의 자체만으로는 물권행위가 아니라고 한다면 무효 · 취소를 주장할 수 없다 ; 왜냐하면 제1설에 의하면 공시방법이 없는 상태에서는 아직 완전한 물권행위가 없어 무효 · 취소의 대상이 없다고 보아야 하기 때문이다. 제2설과 제3설의 비판은 적절한가? 이들 학설은 제1설에 의하면 무효 · 취소의 대상이 없어서 당사자가 법률행위의 구속력으로부터 벗어날 수 없다는 점을 지적하고 있다. 이 비판이 타당한가? 타당성을 인정하기 어렵다. 왜냐하면 그와 같은 경우에 채권행위의 무효 · 취소를 주장하면 법률관계의 구속으로부터 벗어날 수 있기 때문이다. 여기에 있어서는 물권행위의 유인성 · 무인성의 문제와 무관하게 법률행위의 구속력으로부터 벗어난다. 왜냐하면 이 경우에 제1설에 따르면 물권행위는 없기 때문에 채권행위만을 소거시키면 그것으로 족하기 때문이다.

한편, 공시방법을 갖추기 전에 무효 · 취소의 주장을 할 수 없다는 사실을 들어 제2설이 제1설을 비판하는 것도 정확하다고 할 수 없다는 점을 지적하고자 한다. 왜냐하면 제2설에 의한다 하더라도 공시방법을 구비하기까지는 성립요건만이 구비

되어 있을 뿐이어서 법률행위의 부존재가 문제될 수 있을지언정 법률행위의 무효 · 취소는 논리적으로 문제될 수 없기 때문이다. 제3설은 이와 같은 비판을 비켜 갈 수 있다. 제3설은 물권적 의사표시가 있은 때에 물권행위가 완성되고(성립요건뿐만 아니라 유효요건까지도 구비) 공시방법은 또 하나의 특별한 요건이라고 하기 때문이다. 그런데 이러한 설명은 지나치게 기교적인 것으로 보인다. 도대체 무엇을 위하여 이와 같은 기교적 설명을 하면서까지 '물권행위'라는 것을 부여잡아야만 하는가? 그리고 보다 근본적으로는 다음과 같은 의문이 든다 : 공시방법을 갖추기 전에 무효 · 취소를 주장할 수 있도록 해 주는 것이 그리 중요한 일이란 말인가?

4. 논의의 정리

물권행위의 구성요소에 관한 종래의 학설은 모두 문제점을 포함하고 있다. 때로는 법체계에 합치하지 않는 식으로, 때로는 법논리에 합치하지 않는 식으로 문제점을 노출시키고 있는 것이다. 또한 각 학설이 다른 학설에 대하여 지적하는 비판점도 법리적으로 중요한 의미를 가지는 것이라기보다는 말꼬리를 잡으며 말싸움을 하는 듯한 인상이 짙다. 이와 같은 현상은 무엇 때문일까? 실재하지도 않고 게다가 불가피하지도 않은 개념을 놓고 벌이는 다툼이어서 그런 것은 아닐까?

물권행위에 관한 종래의 학설은 모두 물권행위 개념의 효용성을 부정하는 내용을 포함하고 있다. 우선 제1설을 보자. 물권행위 개념을 인정하는 이유는 그것이 물권변동의 원인이기 때문에 그 유효 여부에 따라 등기의 유효성 또는 점유의 적법성을 판단하고자 하는 것이다. 그런데 제1설과 같이 공시방법 자체를 물권행위의 구성요소에 편입시켜 버린다면 이는 물권행위 개념의 효용성을 부정하는 것이다. 제2설과 제3설도 유사한 문제점을 가지고 있다. 물권변동의 최종적인 단계(공시방법)의 유효성을 판단하기 위한 기준으로 물권행위 개념을 사용하는 것인데 공시방법의 적법성을 판단하는 시점과 물권행위의 유효성을 판단하는 시점이 동일하다면 무엇 때문에 물권행위의 개념을 인정하여야 하는가?

III. 물권행위의 독자성

1. 문제의 소재

물권행위의 개념을 고안한 것은 독일법학이다. 그렇다면 물권행위의 독자성의 개념도 독일의 그것을 그대로 따랐어야 했을 것 같다. 그러나 우리나라에 있어서 물권행위의 독자성에 관한 논의는 독일의 상황과 상당한 차이가 있으며, 특히 그 개념에서부터 견해가 일치하지 않는다. 어떻게 보면 우리나라에 있어서 물권행위의 독자성에 관한 논의는 원래의 모습을 벗어나 '한국식'으로 각색되어 매우 독특한 모습으로 전개되어 온 것 같다. 이와 같은 현상이, 혹시 '독일식'의 물권행위 개념이 우리의 법체계 내지 현실에는 맞지 않는다는 것을 보여 주는 것은 아닌가 하는 의문을 일으킨다. 물권행위에 관한 원래의 개념을 한국식으로 변형하면서까지 물권행위의 관념을 유지하여야 할 필요가 있을까?

이와 같은 문제인식을 토대로 다음에서는 물권행위의 독자성에 관한 종래 학설을 이 글의 취지를 겨냥하며 비판적 시각에서 검토하고자 한다.

2. 종래의 학설 상황

우리나라에서는 물권행위의 독자성의 개념에 대하여 두 가지 학설이 대립하고 있다.

제1설[12]은 물권행위의 독자성을 "물권행위는 채권행위와 따

12 郭潤直, 앞의 책, 41쪽.

로 행해지는가?"라는 문제로 본다. 물권행위가 원인이 되는 채권행위와 따로 행해진다고 보는 견해는 독자성을 인정하는 것이고, 물권행위는 채권행위에 포함되어 함께 행해진다고 보는 견해는 독자성을 부정하는 것이다.

제2설[13]은 물권행위의 독자성을 "물권행위가 채권행위와 개념적으로 구별되는가?"라는 문제로 본다. 그리하여 물권행위의 독자성을 인정한다는 것은 물권행위가 원인행위인 채권행위로부터 독립되어 있다는 것이며, 독자성을 부정한다는 것은 물권행위의 개념 자체를 부인하는 것이다. 이 학설의 시각에서 보면 제1설은 물권행위의 독자성을 말하는 것이 아니라 물권행위가 행해지는 시기를 논의하고 있는 것이다.

3. 비판적 시각

앞에서 소개한 학설은 내용에 있어서 서로 대립되는 것이 아니다. 왜냐하면 제2설의 주장내용은 채권행위와 물권행위가 개념적으로 구별된다는 것인데 제1설은 양자의 구별을 전제로 하기 때문이다. 다음에서는 비판적 시각에서 종래의 학설을 검

13 李英俊, 앞의 책, 66쪽.

토하기로 한다.

(1) 제1설에 대한 비판

물권행위의 독자성에 대한 제1설의 관념은 독일법과는 다른 것으로 일본법학의 영향이다. 일본민법학에서 그와 같은 관념을 형성하게 된 배경에 대한 종래의 설명은 다음과 같다[14] : 프랑스민법(제711조[15])은 명문의 규정으로 물권변동은 채권의 효력으로서 취득되고 이전되는 것으로 하고 있어서 물권변동시기가 명백하나, 일본민법 제176조[16]는 단순히 의사표시가 있은 때에 이전된다고 규정하고 있기 때문에, 이 의사표시를 채권적 의사표시로 이해할 것인가 아니면 물권적 의사표시로 이해할 것인가에 대하여 다툼이 있다.

이와 같은 일본법학계의 인식이 정당하다는 전제에서 말한다 하더라도 일본의 그러한 관념이 우리나라에 수입되어야 할

14 洪性載, 《物權法》(대영문화사, 2006), 202-203쪽 참조.

15 프랑스민법 제711조의 내용은 다음과 같다 : "물건에 대한 소유권은 상속, 증여, 유증 및 채권의 효과로서 취득 · 이전된다"(La propriété des biens s'acquiert et se transmet par succession, par donation entre vifs ou testamentaire, et par l'effet des obligations).

16 일본민법 제176조의 내용은 다음과 같다 : "물권의 설정 및 이전은 당사자의 의사표시만에 의하여 그 효력이 생긴다."

이유가 없었다는 생각이 든다. 왜냐하면 한국민법은 형식주의를 취하고 있어서 물권변동시기가 매우 명확하기 때문이다. 제1설은 의용민법시대의 학설을 현행민법 시행 이후에도 그대로 유지한 결과로 보인다. 제1설은 일본민법학을 무비판적으로 수용했다는 비판을 면하기 어려울 것 같다.

한편, 일본민법학이 제1설과 같은 이론을 고안할 필요가 있었는가 하는 점도 의문이다. 일본민법 제176조의 '의사표시'가 채권적 의사표시인가, 아니면 물권적 의사표시인가 하는 것을 고민하는 것이 과연 일본법학에 있어서 불가피한 것이었을까? 제1설과 같은 식의 물권행위의 독자성 논의는 일본민법전의 규정이 명확하지 않아서 발생할 수밖에 없었던 다툼이라기보다는 제176조를 독일의 물권행위론을 수용하는 통로로 이용했다는 느낌이 강하다. 사실 일본민법 제176조는 물권변동에 있어서 의사주의의 원칙을 정한 규정으로 프랑스민법의 관념을 계수한 것이다. 독일법학이 고안한 물권행위의 개념을 일본민법학으로 수용해 보겠다는 의도가 존재하지 않았다면 일본민법 제176조에는 아무런 불명확성도 없었던 것이다. 일본민법의 시행 초기부터 상당한 기간 동안 지속되었던 '독일법학 추구 경향'의 한 단면을 볼 수 있다.

한편, 프랑스민법 제711조는 물권행위와는 아무런 관련이 없는 규정이라는 사실도 유의하여야 할 부분이다. 1804년 프랑스민법 입법자에게는 물권행위는커녕 '법률행위'라는 개념조차 존재하지 않았다. 프랑스민법학에서 법률행위의 개념이 등장한 것은 독일민법전(BGB)이 성립되던 즈음의 일이다. 즉 프랑스민법학의 법률행위(acte juridique)에 관한 논의는 독일민법학의 영향이다. 그리고 프랑스민법에 법률행위라는 용어가 등장한 것은 지금으로부터 불과 30년도 되지 않은 1980년의 일이다.[17] 오늘날에도 프랑스에서 법률행위 개념의 유용성에 대한 의문이 사라진 것은 아니지만 대부분의 학자는 법률행위의 개념에 대하여 호의적이다. 그러나 채권행위와 구별되는 물권행위의 개념을 인정할 정도로 독일의 법률행위론을 전면적으로 수용하지는 않았다.[18] 일본이 물권변동의 큰 흐름에 관해서

---

17 프랑스민법전에 '법률행위'(acte juridique)라는 용어가 등장한 것은 1980년 이후의 일이다. 그 전까지 법률행위는 학리상의 용어에 불과하였다. 프랑스민법의 규정 중 'acte juridique'라는 표현은 세 개의 조문(제1316-4조, 제1326조, 제1348조)에 나타나며 이들은 모두 증거(preuve)에 관한 규정이다. 이들 규정은 증거에 관한 민법규정을 개정하기 위한 1980년 7월 12일 법률(Loi n° 80-525 du 12 juillet 1980)에 의하여 개정된 것이다.

18 이에 관한 프랑스의 연구물로는 다음과 같은 것이 중요하다 : Dikoff, "Les actes juridiques abstraits et le coode civil français," *Revue Trimestrielle de Droit*

는 프랑스의 시스템을 채택했으면서도 법을 해석하고 운용함에 있어서는 독일의 학설에 절대적으로 의존하려고 했던 경향은 보기에 따라서는 자연스럽지 못하다고 생각할 수도 있다.

제1설은 위에서 지적한 바와 같은 근본적인 문제점뿐만 아니라 논리적으로도 결함을 가지고 있다고 생각한다. 이와 관련하여 제1설에 속하는 학자들의 다음과 같은 표현을 보자[19] : "물권행위의 독자성을 부정한다고 해서 〔…〕 채권행위를 전제로 하지 않고 물권변동만을 일으키는 법률행위의 존재를 부정하는 것은 아니며, 또한 채권행위와는 따로 뒷날에 다시 이행행위로서 별개의 독립한 물권행위가 행하여지는 것을 부인하는 것도 아니다. 한편, 독자성을 인정한다고 해서, 채권행위와 물권행위가 하나의 행위로 합체되어서 행하여질 수 없다고 하는 것도 아니다." 제1설의 시각에서 물권행위의 독자성을 부정한다면 "물권행위는 채권행위에 포함되어 이루어진다"라고 말하여야 하고, 물권행위의 독자성을 인정한다면 "물권행위는 채권행위와 따로 이루어진다"라고 하여야 논리학의 기본적인 요

Civil(1932), p. 327 ; Croset, *Introduction à la notion d'acte abstrait*(thèse Lyon, 1930) ; Rieg, *Le Rôle de la volonté dans l'acte juridique*(thèse Strasbourg, 1958) 등.

19 특히 郭潤直, 앞의 책, 41쪽.

구에 부합하는 것 아닐까?

그리고 제1설의 시각에서 물권행위의 독자성을 부정한다면 '물권행위'라는 개념을 인정하여야 할 이유가 무엇인가 하는 의문도 지울 수 없다. 물권행위가 이루어져야만 그 효과로서 물권변동이 일어난다는 명제를 마치 숙명처럼 당연히 받아들여야 하는 것으로 생각한 결과는 아닐까? 그러나 아주 간단한 비교법적 관심만으로도 물권변동을 설명함에 있어서 물권행위의 개념이 필수적인 것은 아니라는 사실을 쉽게 알 수 있다. 게다가 일본의 경우에는 의사표시만으로 물권변동이 일어나도록 되어 있어 제1설과 같은 시각이 그나마 물권행위의 관념(특히 물권행위는 이행의 문제는 남기지 않는다)과 어긋나지는 않을지 모르지만 의사표시만으로는 물권변동이 일어날 수 없는 우리나라의 민법체계에는 제1설이 어울리지 않는 것 같다.[20]

(2) 제2설에 대한 비판

제2설은 어떠한가? 다음에서는 제2설에 대한 비판적 시각을 제시하고자 하는데, 이 비판은 동시에 제1설에 대한 것이기도 하다. 왜냐하면 제1설도 채권행위와 개념상 독립된 물권행위

20 같은 취지로는 洪性載, 앞의 책, 199쪽 참조.

가 존재한다는 것을 인정하고 있기 때문이다. 중요한 비판점 몇 가지만을 보기로 한다.

첫째, 물권과 채권을 준별하고 있는 우리 민법에 있어서 제186조의 '법률행위'가 물권편에 있으므로 이를 물권행위로 해석하여야 한다[21]는 주장에 대하여 살펴본다. 물권과 채권을 준별하는 문제와 채권행위와 물권행위를 구별하여야 한다는 문제는 필연적 관계에 놓여 있지 않다. 비교법적으로 보더라도 프랑스는 물권과 채권을 준별하고 있지만 물권행위와 채권행위를 구별하는 분리의 원칙(Trennungsprinzip)을 채용하고 있지 않다. 이론적으로 본다 하더라도 권리의 형태로서 물권과 채권을 구별하는 것과 물권을 취득하는 법리적 과정이 어떠한가 하는 것은 다른 차원의 문제이다.

둘째, 입법자의사도 물권계약과 채권계약을 구별하고 있다[22]는 논거에 대하여 살펴본다. 이 견해는 입법과정에서 "債權契約과 物權契約의 分界가 意思主義에서는 確實하지 않다"[23]는 등의 표현을 들어 그와 같이 주장한다. 그러나 입법 당

---

21 丁玉泰, 〈登記原因에 관한 一考察〉, 《不動産法學의 諸問題—石霞金基洙教授華甲紀念論文集》(博英社, 1992), 437쪽.

22 위의 논문, 438쪽.

시 논쟁의 중심은 의사주의를 취할 것인가 형식주의를 취할 것인가 하는 점에 있었으며, 그 과정에서 부수적으로 나온 것으로 보는 것이 전후맥락을 고려한 이해태도일 것이다. 설령 입법과정에서 물권계약과 채권계약의 분리를 언급하였다고 하더라도 그와 같은 관념이 실정법에 반영되었는가 하는 것은 별도의 문제인데, 우리 실정법에는 그와 같은 흔적[24]을 찾을 수 없다.

셋째, 채권행위에 대한 이행행위로서 물권행위의 관념을 인정한다면 일반적 법 개념을 변형시키는 결과가 된다. 매매계약을 예로 들어 보자. 채권행위와 별도로 그 이행행위로서 물권행위의 개념을 인정한다면 매매계약의 당사자는 법률행위(즉 물권행위)를 하여야 할 의무를 부담하는 것으로 되는데, 과연 이것이 매매계약의 본질과 당사자의 의사에 합치하는 것일까? 채권행위는 물권행위를 위한 예약과 유사한 법률행위에 불과한 것인가?

넷째, 최근 제시된 한 견해는 물권행위를 별도로 인정하여야

23 〈제26회 국회정기회의속기록〉, 제30호(1957), 620쪽(丁玉泰, 앞의 논문, 438쪽에서 재인용).

24 예로 독일민법 제837조 제1항, 제925조 제1항, 제929조.

할 필요에 대하여 다음과 같이 설명한다[25]: "예컨대 매매계약에서 매수인이 매매대금을 다 지급해야만 매매목적물의 소유권을 이전하기로 하였는데, 매수인이 매매대금을 다 지급하였다고 매도인을 기망하여 인도 내지 소유권이전등기를 마친 경우, 매도인으로서는 매매계약 자체에는 하자가 없으므로 매매계약 자체를 취소할 수는 없지만, 인도 내지 소유권이전등기에 수반되는 물권행위를 취소할 수는 있는 것이다." 적절한 설명이라고 할 수 있는가? 매매관계에 있어서 매수인이 대금을 지급하지 않고도 지급하였다고 말하는 것은 사기(詐欺)의 문제가 아니라 채무불이행의 문제로 보아야 할 것이다. 물론 위 견해도 이와 같은 관점을 고려하고 있기는 하다.[26] 그러나 이 견해는 물권행위의 개념을 어떻게든 유지하려는 의도에 기초한 것으로 법실제(法實際)와는 거리가 있다. 이 견해의 주장대로 물권행위를 취소할 수 있다면 취소대상이 되는 물권행위의 실체

25 尹眞秀, 〈物權行爲 概念에 대한 새로운 接近〉, 《民事法學》, 제28호(한국민사법학회, 2005), 35-36쪽.

26 위의 글, 36쪽: "물론 이러한 경우에 매도인으로서는 매매계약을 해제할 수도 있겠지만, 계약의 해제와 취소는 그 요건이나 절차에 있어서 차이가 있을 뿐만 아니라 법률효과에 있어서도 반드시 같지 않으므로 해제와 취소를 아울러 주장할 수 있는 길을 열어 놓을 필요가 있다."

는 무엇인가? 또한 물권행위를 취소한다면 채권행위는 그대로 유효한 채 남아 있다고 보아야 할 것인가? 위 사안과 같은 경우에 매도인으로서는 계약위반을 이유로 매매계약을 해제하는 것이 실제에 있어서나 이론적으로나 자연스런 해결책일 것이다.

4. 논의의 정리

종래 학설이 물권행위 개념을 유지하고자 하는 실제적 이유는 크게 다음의 두 가지로 요약할 수 있을 것 같다 : ① 물권행위가 처분행위라는 점을 들어 처분권이 없는 사람의 처분행위는 무효이어서 물권이 이전되지 않는다는 것을 설명하기 위한 도구[27] ; ② 물권행위의 무인성 논의를 위한 전제. 그러므로 만약 처분권 없는 사람에 의한 처분행위의 효력을 설명할 수 있는 다

---

27 "의무부담과 처분의 두 합의는 가령 매매계약이라는 하나의 법률행위의 두 모멘트, 즉 채권발생과 물권변동이라는 각기 다른 법률효과적 관점에서 관찰한 별개의 모멘트에 불과한 것(이때 처분적 합의는 하나의 계약의 한 부분을 구성하며, 독립한 법률행위가 아니다)으로서, 이들은 일체로서 그 매매계약 안에 결합되어 있다"(梁彰洙, 〈한국 민사법학 50년의 성과와 21세기적 과제〉, 《民法硏究》, 第4卷, 博英社, 17쪽)라는 식의 다소 기교적인 설명도 무권리자로부터는 권리를 취득할 수 없다는 것을 법률행위의 틀 속에서 설명하고자 하는 노력의 일환일 것이다.

른 방법이 있고, 또한 물권행위의 무인성을 인정하지 않는다면 물권행위 개념을 유지하여야 필요성은 거의 없을 것이다. ②의 문제에 관해서는 항을 바꾸어 논의하기로 하고, 여기에서는 ①의 문제에 대해서만 살피기로 한다.

프랑스민법에서는 물권행위의 개념 없이도 ①의 문제를 처리하고 있는데, 그 내용을 간단히 보기로 한다. 프랑스민법은 "누구도 자기가 가진 것을 초과하는 권리를 타인에게 양도할 수 없다"(Nemo plus juris ad alium transferre potest quam ipse habet)[28]는 원칙에 근거하여 제1599조에서 "타인 소유의 물건에 대한 매매는 무효이다"라고 규정하고 있다. 제1599조의 해석에 있어서 구체적인 부분에서 학설다툼이 있기는 하나 통설은 다음과 같이 이해한다[29] : ① 제1599조가 적용되는 것은 특정물매매에 한정된다 ; ② 매수인이 선의인 경우에는 제1599조에 의하여 무효이지만, 매수인이 악의인 경우에는 매도인이 소유권을 취득하여 이전하여 주는 채무를 부담하는 것을 내용으로 하는 무명계약(無名契約)으로서 유효하다. ②의 내용은 실질에 있어

28 Digesta, 50, 17, 54.

29 Henri Roland et Laurent Boyer, *Adages du Droit Français*, 3e éd.(Paris : Litec, 1992), pp. 512-513 참조.

서 우리 민법 제569조와 다를 바가 없다. 요컨대, 처분권이 없는 사람의 처분행위는 무효이어서 물권이 이전되지 않는다는 것은 물권행위 개념이 있어야만 가능한 것은 아니다.[30] 무권리자로부터는 권리를 취득할 수 없다는 법리를 반드시 법률행위의 틀 속에서 찾아야 할 것은 아니라는 것이다.

한편, 종래 학설 중에는 영미법이나 프랑스법에서도 물권행위의 개념이 인정된다는 취지의 주장도 있다. 영미부동산 거래에서의 물권양도행위(conveyance)를 들어 영미법에서도 물권행위의 독자성이 인정된다고 설명한다든가[31] 혹은 프랑스민법에 있어서 물권적 의사표시는 채권행위와 합체되어 행해진

---

30 프랑스에도 처분행위(acte de disposition)라는 개념이 있기는 하다. 그런데 프랑스에서의 처분행위의 관념은 독일의 그것과는 차이가 있다. 프랑스의 법률행위(acte juridique)의 분류 중에는 보존행위(actes conservatoires—예컨대, 시효의 중단), 관리행위(acte d'administration—예컨대, 물건의 임대), 처분행위(일반적으로 물권의 이전)가 있다. 그런데 이러한 구분은 행위무능력자(incapacité d'exercice) 제도와 관련하여 나타나는 관념이다. 예컨대, 후견인은 보존행위와 관리행위에 대해서는 단독으로 할 수 있으나 처분행위는 친족회(conseil de famille) 또는 법원의 허가를 받아서 처분할 수 있다. 프랑스에 있어서 처분행위는 법률행위의 내용이 가장 중대한 것이라는 정도의 의미로 사용되는 개념이다.

31 金相容, 〈英美財産法上의 不動産物權變動論〉, 《民法學論叢—厚巖郭潤直教授華甲紀念論文集》(博英社, 1985), 126쪽 참조.

다는 설명[32]이 그것이다. 그러나 영미법에는 물권행위라는 개념은커녕 법률행위의 개념조차 존재하지 않으며, 프랑스민법학이 독일식의 물권행위 개념을 사용하여 물권변동을 설명하는 것도 아니다. 기능적인 면에서 유사하다고 그와 같은 평가를 하는 것은 학문적 엄밀성과 거리가 있다고 생각한다. 법률행위의 개념이 모든 법제에 공통된 일반적인 것이 아니며, 특히 물권행위 개념은 더욱 그러한 것이다.

등기신청을 하기 위해서는 신청서, 등기원인을 증명하는 서면 등을 제출하여야 하며(부동산등기법 제40조 참조), 신청서에는 등기원인과 그 연월일을 기재하여야 한다(부동산등기법 제41조 제5호 참조). 등기원인이 문제되는 이유는 그것을 기준으로 등기의 유효성을 판단하겠다는 것이다. 등기원인을 증명하는 서면은 매매계약서이다. 매매계약과 등기 사이에 물권행위가 있다고 하기 위해서는 매매계약과 등기 사이에 물권변동을 내

32 李太載, 《物權法》(進明文化社, 1985), 70쪽 ; 郭潤直, 앞의 책, 65쪽 ; 金相容, 《物權法》, 101쪽 등 참조. 이에서 더 나아가 "프랑스민법에 있어서도 채권행위에서 채무가 발생하고 이 채무의 이행으로써 물권적 의사표시를 하게 된다. 그러므로 채권행위와 물권적 의사표시는 합체되어 행하여질 수 없다. 즉 별개의 행위로 異時에 행해진다(물권행위 독자성 긍정). 다만 그 간격이 짧을 뿐이라고 생각한다"(姜台星, 앞의 책, 107쪽)라는 주장도 있다.

용으로 하는 의사표시의 교환이 있어야 한다. 그러나 양자 사이에 그와 같은 요소가 개입할 여지는 없다. 한편, 최근의 한 학설은 부동산물권변동에 있어서 물권행위는 등기신청행위라고 주장한다.[33] 그런데 이 견해에 따르면, 부동산등기법 제40조가 정하는 등기서류 어느 것에도 물권행위의 요소는 반영되지 못하는 결과가 되는데, 이러한 상황에 대한 평가는 다음 두 가지 중의 하나가 될 수밖에 없다 : ① 우리의 부동산등기법이 잘못되었다(왜냐하면 물권변동의 유효성을 결정짓는 등기원인을 기재하는 것을 요구하고 있지 않으므로) ; ② 물권행위는 등기원인이 될 수 없다. 물권변동의 원인이기에 물권행위라는 개념을 인정하는 것인데, 사정이 이러하다면 물권행위를 인정하는 이유가 모호해진다.

IV. 물권행위의 유인성—무인성

1. 문제의 소재

물권행위의 유인성 · 무인성 문제는 세부적으로 들어가 보면 그 개념 자체에서부터 복잡한 논의가 있다. 그러나 여기에서는

33 尹眞秀, 앞의 글, 4쪽.

이른바 '효과상의 물권행위의 유인 · 무인론'의 측면에서 접근하고자 한다. 즉 원인행위인 채권행위의 실효에 의하여 물권행위도 실효되는가 하는 문제이다.

위에서 주장한 바와 같이 물권행위의 개념 자체를 인정하지 않는다면 물권행위의 유인성 · 무인성 문제는 논의의 여지가 없다. 그러나 이 문제를 정리해 보는 것도 나름대로 의미를 가진다. 왜냐하면 물권행위의 개념을 인정하는 중요한 이유 중의 하나가 그것이 물권행위의 무인성의 전제가 되기 때문이다. 그러므로 만약 현행법상 물권행위의 무인성을 인정할 수 없다면 물권행위의 개념은 존재이유를 거의 잃게 된다.

2. 무인론의 논거와 그에 대한 비판

무인론의 주된 논거는 다음과 같다 : ① 물권행위와 채권행위는 별개의 행위이므로 유효성도 따로 판단하여야 한다 ; ② 물권적 법률관계는 모든 사람에 대하여 명료함을 그 이상으로 하므로 물권행위의 효력을 당사자 사이에서만 효력이 있는 원인행위의 유효성 여부에 의하여 영향을 받게 하는 것은 부당하다 ; ③ 무인성을 인정함으로써 등기에 공신력을 인정하고 있지 않는 민법의 제도상의 결함을 보정하여 거래의 안전을 보호할 수 있다.

①에 대하여 살펴본다. 별개의 행위인 경우에 그 유효성도 따로 판단하여야 한다는 말은 수긍이 간다. 그런데 문제의 핵심은 그와 같이 유효성을 따로 판단해 보았더니, 가령 원인행위는 무효이고 물권행위는 유효인 경우에 원인행위의 무효로 인하여 물권행위도 무효로 되는가 하는 것이다. 그러므로 ①의 논거는 방향설정이 잘못된 것으로 보아야 한다.

②에 대하여 살펴본다. 법률관계의 명료성을 내세우고 있는데 법률관계의 명료성이라는 것은 물권행위에서만 문제되는 것은 아닐 것이다. 게다가 법률행위를 원인으로 하는 법률관계에 있어서 당사자의 의사를 제쳐 두고 명료성이라는 것이 그렇게 최우선적으로 고려되어야 할 사항인가 하는 것도 의문이다.

③에 대하여 살펴본다. 물권행위의 무인성을 인정하는 논거로 가장 중요한 것이 이것이다. 그런데 이 논거에 대하여 종래 이루어졌던 전통적인 비판점들[34] 이외에 종래의 무인론이 모

34 종래의 전통적인 비판점은 대체로 다음과 같은 것들이다(郭潤直, 앞의 책, 49-52쪽 참조) : 첫째, 채권행위와 물권행위 사이에 시간적 간격이 없거나 또는 그다지 길지 않을 때에는 무인론이 거래안전을 위한 장치로 작용하지 못한다 ; 둘째, 민법은 거래안전을 위한 별도의 규정을 두고 있으므로(예 : 제107조 제2항, 제108조 제2항, 제109조 제2항, 제110조 제3항) 무인론만이 거래안전을 위한 방안은 아니다.

두 '상대적 무인론'이라는 점에 특히 주목하고자 한다.

상대적 무인론이란 물권행위는 원칙적으로 무인행위이지만 당사자가 채권행위의 유효를 물권행위 유효의 조건으로 한 때에는 유인성을 갖는다는 것이다. 그런데 상대적 무인론은 오히려 무인론의 가장 중요한 목표인 거래안전을 무색하게 한다. 왜냐하면 당사자의 의사에 의하여 아주 간단하게 유인행위가 되기 때문이다. 결국 상대적 무인론은 무인론을 무의미하게 만들게 된다. 이와 같은 형상은 채권행위의 유효를 물권행위의 유효의 조건으로 하는 것이 묵시적 의사표시로도 가능하다고 하는 경우에 더욱 심화된다. 왜냐하면 정상적인 정신능력을 가진 당사자라면 채권행위의 유효를 물권행위의 유효의 전제로 삼고 있을 것이기 때문이다. 우리의 거래실정에 비추어 볼 때, 원인행위로서의 채권행위가 실효된다 하더라도 물권행위는 유효하여 물권이 변동되는 것을 의도하는 사람은 거의 없을 것이다. 그리고 만일 어떤 당사자가 그와 같이 독특한 의사를 가지고 있다면 그 사람은 의사무능력자로서 당해 물권행위 자체가 무효로 된다고 평가하여야 할 것이다. 요컨대, 무인론의 가장 중요한 논거는 무인론 자체의 주장(즉 상대적 무인론)에 의하여 설득력을 잃어버리는 셈이 된다.

3. 무인론의 타당범위의 제한성

물권행위의 유인성·무인성을 설명하기 위하여 다음과 같은 식의 사례를 드는 것이 일반적이다 : A와 B 사이에 매매계약이 체결되었는데 매매계약 당시에는 취소사유가 있었으나 그 후 물권행위가 이루어질 때에는 취소사유가 없어졌다 ; 취소권자 A가 취소권을 행사하여 매매계약이 무효로 되었다. 거래 실제에 비추어 볼 때 이와 같은 상황이 발생 가능한 일인지에 대해서도 의문이 있지만 그대로 수용하면서 논의하기로 한다.

이와 같은 사안에 대하여 종래 유인론은 다음과 같이 말한다 : A는 물권적 반환청구권을 행사하여 B로부터 물건을 찾아올 수 있다 ; 왜냐하면 원인행위의 무효에 따라 물권행위도 무효로 되어 B에게 물권이 이전하지 않았기 때문이다. 무인론은 다음과 같이 말한다 : A는 부당이득반환법리에 의해 B로부터 물건을 찾아올 수 있을 뿐이다 ; 왜냐하면 채권행위의 실효에도 불구하고 물권행위는 영향을 받지 않아 소유권은 B에게 이전하였으나 소유권취득에 법률상의 원인이 흠결되어 있기 때문이다.

이 설명은 유인론과 무인론의 내용을 굴절 없이 그대로 반영한 것이다. 그런데 이 설명이 우리 현행법 아래에서 가지는 타당범위에 대해서는 의문이다. 위 사안에 대하여 무인론의 취지에 따라 "채권행위는 실효되고 물권행위는 유효하다"라고 평가할 수 있겠는가? 이러한 입론의 타당범위는 법률행위에 있어서의 법정추인제도(제145조)에 의하여 현저하게 축소된다. 위 사안을 토대로 그 이유를 설명하면 다음과 같다 : 물권행위의 개념을 인정하는 입장에서 물권행위는 채권행위에 대한 이행행위이다 ; 물권행위 시에는 취소사유가 없었다는 것은 채권행위 시에 존재했던 취소의 원인이 제거된 후에 법정추인사유에 해당하는 '全部나 一部의 履行'(제145조 제1호)이 있었다는 것이 된다. 여기에서 법정추인제도로 인하여 물권행위의 무인론의 논리가 관철되지 않는다는 사실에 유의할 필요가 있다. 물권행위의 시기에 대해서 등기서류를 교부하거나 동산을 인도하는 때로 보는 입장과 채권행위와 합체되어 행해진다는 입장이 대립하는데 두 입장으로 나누어 살펴보자. 우선, 물권행위의 시기에 관한 전자의 입장에서는 무인론의 의미가 거의 상실되게 된다. 왜냐하면 등기서류의 교부 또는 물건의 인도라는 이행행위에 의하여 채권행위 자체가 치유되어 무인론이 의미를 발휘할 수 있는 상황(즉 '채권행위 실효'—'물권행위 유효')이 될 수 없기 때문이다. 한편, 물권행위의 시기를 채권행위 시로 보는 입장에서는 물권행위와 채권행위의 유효성이 같은 시점에서 판단되어 역시 마찬가지로 무인론이 의미를 발휘할 수 있는 상황이 되지 않는다. 요컨대, 위 사안과 같은 경우에 무인론은 의미를 가지지 못한다.

4. 논의의 정리

종래 물권행위의 무인론에 관한 우리나라에서의 논의를 보면 실천적 목표를 고려하지 않은 채 순수논리적 차원에서 진행되는 것 아닌가 하는 느낌을 받을 때가 있다. 유인론의 입장에서는 "무인주의를 취하기 위해서는 명문규정이 필요하다"라고 주장하고, 이에 대하여 무인론의 입장에서 "유인주의를 정한 명문규정이 없으므로 무인론이 타당하다"고 반박하는 식의 논란이 그 대표적인 예이다.[35] 여기에서 다음과 같은 근본적인 의문을 가져 본다 : "물권행위의 유인성 · 무인성이 과연 법해석상의 문제인가?" 민법 제249조가 없다면 동산에 대한 선의취득을 인정할 수 없는 것과 같이 우리 실정법에 물권행위의 무인성을 인정하였다고 볼 수 있는 흔적이 없다면 최소한 해석론적 차원에서는 물권행위의 무인론을 주장할 수는 없는 것 아닐까?

35 이러한 학설의 소개에 대해서는 尹眞洙, 앞의 글, 44쪽 참조.

게다가 우리나라에서 물권행위의 무인론에 따라 법률분쟁이 해결될 가능성은 거의 없어 보인다. 판례는 "소위 물권행위의 독자성과 무인성은 인정되지 않는다고 보아야 할 것 〔…〕 이다"[36]라는 식으로 판시함으로써 물권행위의 무인성을 부정함에 있어서 비장함까지 보이고 있기 때문이다.

물권행위의 무인론은 물권행위의 개념을 인정하는 결정적 이유에 해당한다. 그러나 우리나라에서 주장되는 무인론이 소위 '상대적 무인론'을 취함으로써 무인론의 거의 유일한 논거인 거래안전을 위하여 별다른 역할을 하지 못한다. 그렇다면 물권행위의 개념을 인정하여야 할 실제적 필요성은 없는 게 아닐까?

V. 결론

채권행위 이후에 그로부터 발생하는 의무를 이행하는 과정에 당사자의 의사가 개입하게 된다. 이 의사에 착안하여 채권행위 이외에 물권행위라는 또 하나의 법률행위의 범주를 인정하여

36 특히 대법원판결 1977. 5. 24. 75다1394 참조. 그 밖에도 대법원판결 1982. 7. 27. 80다2968 ; 대법원판결 1991. 11. 12. 91다9503 ; 대법원판결 1995. 5. 12. 94다18881 · 18898 · 18904도 참조.

야 할 것인가? 물권행위라는 개념도구가 이론적 편이성을 제공하는 경우도 있을 것이다. 그런데 문제는 물권행위라는 개념으로부터 연유하는 지나친 비용이다. 우리는 앞에서 물권행위의 개념이 가지는 복잡성과 그것이 우리에게 익숙한 여러 법논리 내지는 법체계와 자주 마찰을 일으킨다는 사실을 확인할 수 있었다.

유자나 귤의 씨를 심으면 유자나무나 귤나무가 나오지 않고 탱자나무가 된다. 그 이유는 무엇일까? 유자나 귤은 자연적으로 존재한 것이 아니라 야생의 탱자에 인위적 노력을 가하여 사람들의 입맛에 맞게 개량한 결과이기 때문이다. 그러므로 실생번식을 하게 되면 탱자라는 자연 본래의 모습으로 되돌아가게 된다. 물권행위의 개념도 매우 인위적인 개념이다. 인위적인 개념은 무언가 필요에 의하여 생성되는 것이다. 그리고 그것을 유지하기 위해서는 적든 많든 일정한 비용이 들게 마련이다. 만약 그 정도의 비용을 들여 유지하여야 할 만한 가치가 있는 개념이라면 힘이 들더라도 그것을 보존하여야 할 것이다. 그러나 물권행위라는 것이 그 정도의 가치를 가지고 있는 개념이라고 할 수 있을까?

세상에는 물권행위의 개념이 없이도 물권변동을 설명하는

법제가 더 많다. 그런데 우리는 물권변동에 관한 이론구성을 함에 있어서 마치 숙명처럼 물권행위 개념을 수용한 것은 아닐까? 독일민법과 달리 우리 민법에는 물권행위를 인정할 만한 실정법적 단서에 해당할 만한 것이 없음에도 말이다.[37] 지금까지의 물권행위에 관한 논의가 독일 특유의 사고틀에 우리의 법적 사고를 무리하게 끼워 맞추는 힘겨운 노력은 아니었을까 하는 의구심을 지울 수 없다. 사정이 이러하다 보니 물권행위에 관한 논쟁 중에는 '말꼬리잡기'식의 논쟁도 없지 않았다고 생각한다.

풍선의 한쪽을 누르면 다른 쪽이 튀어나온다. 그 튀어나온 부분이 미워서 그쪽을 누르면 다시 다른 곳이 튀어나오게 된다. 풍선의 튀어나온 부분이 곱지 않다고 생각한다면 풍선의 이곳저곳을 누르는 일을 그만두면 될 일이다.

---

37 물론 종래 학설에서는 민법의 몇 개 조문을 물권행위 개념을 인정하기 위한 실정법적 근거로 말하기도 한다(예 : 제186조, 제188조 제1항, 제375조, 제565조, 제569조 등). 그러나 이는 수긍하기 어려운 견해이다. 어떤 다른 나라의 민법에 이와 같은 내용의 조문이 있는데 그 나라는 물권행위의 개념을 모른다고 하자. 사정이 이와 같다면 이들 조문을 물권행위 개념을 인정하기 위한 실정법적 근거로 드는 것은 부적절한 것이다.

아듀, 물권행위

초판 발행 2006년 12월5일
초판 1쇄 2006년 12월5일

지은이 명순구 김제완
김기창 박경신

펴낸곳 고려대학교출판부
www.kupress.com
kupress@korea.ac.kr
136-701 서울특별시 성북구 안암동
02-3290-4230, 4232
Fax 923-6311

찍은곳 이환D&B

ISBN 89-7641-592-2 03360

값 7,000원